TIA CORINA

MISSA COM CRIANÇAS
Evangelhos, Histórias, Dramatizações, Jograis

ANO C

EDITORA
SANTUÁRIO

COPIDESQUE: Elizabeth dos Santos Reis
REVISÃO: Ana Lúcia de Castro Leite
PROJETO GRÁFICO E CAPA: Marco Antônio Santos Reis
ILUSTRAÇÕES: Adilson B. Santos

**Dados Internacionais de Catalogação na Publicação (CIP)
(Câmara Brasileira do Livro, SP, Brasil)**

Corina, Tia
   Missa com crianças: evangelhos, histórias, dramatizações, jograis / Tia Corina. — Aparecida, SP: Editora Santuário, 2004.

   ISBN 85-7200-905-1

   1. Catequese – Igreja Católica 2. Missa com crianças I. Título.

04-0683   CDD-264.02036083

Índices para catálogo sistemático:

1. Missa com crianças: Celebração eucarística:
   Igreja Católica 264.02036083

8ª impressão

Todos os direitos reservados à **EDITORA SANTUÁRIO** – 2023

Rua Pe. Claro Monteiro, 342 – 12570-045 – Aparecida-SP
Tel.: 12 3104-2000 – Televendas: 0800 - 0 16 00 04
www.editorasantuario.com.br
vendas@editorasantuario.com.br

Dedicatória

Aos meus netinhos
Sidnei
Sylvia
Sylvio
Sandra
Larissa
Carina
Lilian
Liliane
Lucilinha
Rafael
Sérgio
Igor
Iuri

e bisnetos amados

Lorraine
Larissa
Lucas
Stephanie

Atenção:

Esta nova edição foi reorganizada.

1. Foram inseridas celebrações que faltavam, a saber:

   – VIII DOMINGO DO TEMPO COMUM
   – IX DOMINGO DO TEMPO COMUM
   – X DOMINGO DO TEMPO COMUM
   – XX DOMINGO DO TEMPO COMUM
   – FESTA DA APRESENTAÇÃO DO SENHOR
   – SOLENIDADE DA NATIVIDADE DE SÃO JOÃO BATISTA
   – FESTA DA TRANSFIGURAÇÃO DO SENHOR
   – FESTA DA EXALTAÇÃO DA SANTA CRUZ
   – SOLENIDADE DE TODOS OS SANTOS
   – FESTA DA DEDICAÇÃO DA BASÍLICA DE SÃO JOÃO DO LATRÃO

2. A sequência das celebrações durante o ano segue a ordem do Missal Romano:

   – Advento
   – Natal
   – Quaresma
   – Semana Santa
   – Tempo Pascal
   – Tempo Comum
   – Outras Solenidades e Festas

Qualquer dúvida quanto à localização da celebração, procure no índice.

Os editores

Apresentação

A história do movimento catequético do Brasil recebeu novo e significativo impulso com o Documento Catequese Renovada. Passados 30 anos de sua publicação, é ainda referência constante de estudo e aprofundamento de catequistas nas paróquias e comunidades no interior de nossas dioceses.

A partir desse documento, e na medida em que foi compreendido, surgiram também belas e variadas experiências, na busca de unir os encontros de Catequese e a Celebração Eucarística com crianças e adolescentes.

"Tia Corina" não precisa de apresentação. Catequista de profunda sensibilidade e de fácil comunicação, seu nome está definitivamente ligado a este novo tempo da catequese no Brasil.

Para nós, catequistas das paróquias de Paty do Alferes, Miguel Pereira e Governador Portela, que temos a graça de conviver com "Tia Corina", é motivo de imensa alegria poder apresentar a Coleção Missa com crianças, que ela oferece a todos os que buscam unir a catequese à celebração da vida.

Frei Vitalino Turcato, ofm

JESUS VAI CHEGAR

1º DOMINGO DO ADVENTO
(Lc 21,25-28.34-36)

Naquele tempo, disse Jesus a seus discípulos: 25"Haverá sinais no sol, na lua e nas estrelas. Na terra, as nações ficarão angustiadas, com pavor do barulho do mar e das ondas. 26Os homens vão desmaiar de medo, só em pensar o que vai acontecer ao mundo, porque as forças do céu serão abaladas. 27Então eles verão o Filho do Homem, vindo numa nuvem com grande poder e glória. 28Quando estas coisas começarem a acontecer, levantai-vos e erguei a cabeça, porque a vossa libertação está próxima.

34Tomai cuidado para que vossos corações não fiquem insensíveis por causa da gula, da embriaguez e das preocupações da vida, e esse dia não caia de repente sobre vós; 35pois esse dia cairá como uma armadilha sobre todos os habitantes de toda a terra.

36Portanto, ficai atentos e orai a todo momento, a fim de terdes força para escapar de tudo o que deve acontecer e para ficardes em pé diante do Filho do Homem".

— Palavra da Salvação.
— **Glória a vós, Senhor!**

Há muitos anos, antes de Jesus nascer, os profetas, muito sábios, já diziam:

— Vai nascer uma criança. É o Filho de Deus! Ele virá cheio de amor e de compreensão. Ensinará aos homens o que é FELICIDADE!

Esses profetas eram Isaías, Jeremias, Ezequiel e Daniel.

O profeta Daniel disse olhando o céu estrelado:

— Haverá muitos sinais para anunciar o nascimento de Jesus: o sol brilhará muito mais, a lua inundará a terra com seu luar, as estrelas cintilarão com mais força e apresentarão cores com muita intensidade.

Outro profeta continuou:

— As pessoas estarão curiosas à espera do Menino que vai ensinar o que é felicidade.

O terceiro profeta exclamou:

— Todos verão o Filho de Deus cheio de poder.

Com voz pausada, o quarto profeta anunciou:

— Quando o sol, a lua e as estrelas anunciarem, levantem a cabeça; vocês estarão libertados de todos os seus erros e sentirão muita alegria!

— As flores ficarão mais belas!
— Os pássaros cantarão mais docemente.
— As estrelas se juntarão e uma luz forte poderá até cegar as pessoas...
Os quatro profetas continuaram:
— O Messias virá para melhorar a vida! Virá para melhorar a humanidade!
As pessoas boas queriam que o Messias chegasse logo:
— Ele chegará em que dia?

> **Reflexão:** *Nossa história vai ser interrompida aqui. Continuará no próximo domingo que é o 2º domingo do Advento! Preparem-se, crianças: vamos pesquisar:*
> — *Quando festejamos o aniversário de Jesus?*
> — *Jesus nasce todos os anos?*
> — *Ele vem sempre como um bebê? Não? Como ele vem?*

JOÃO BATISTA PREPARA O CAMINHO DE JESUS

2º DOMINGO DO ADVENTO
(Lc 3,1-6)

[1]No décimo quinto ano do império de Tibério César, quando Pôncio Pilatos era governador da Judeia, Herodes administrava a Galileia, seu irmão Filipe, as regiões da Itureia e Traconítide, e Lisânias a Abilene; [2]quando Anás e Caifás eram sumos sacerdotes, foi então que a palavra de Deus foi dirigida a João, o filho de Zacarias, no deserto. [3]E ele percorreu toda a região do Jordão, pregando um batismo de conversão para o perdão dos pecados, [4]como está escrito no Livro das palavras do profeta Isaías: "Esta é a voz daquele que grita no deserto: 'preparai o caminho do Senhor, endireitai suas veredas. [5]Todo vale será aterrado, toda montanha e colina serão rebaixadas; as passagens tortuosas ficarão retas e os caminhos acidentados serão aplainados. [6]E todas as pessoas verão a salvação de Deus'".

— Palavra da Salvação.

— Glória a vós, Senhor!

João Batista era filho de Isabel (prima de Maria, Mãe do Filho de Deus) e de Zacarias.

Aconteceu um milagre com Isabel porque, embora idosa, ficou esperando bebê.

Zacarias também foi experimentado por Deus. Foi assim: quando seu filhinho nasceu, ele teimou em dar-lhe o nome de Zacarias, o seu nome. No entanto, tinha sido avisado que seu filho deveria ter o nome de João.

Por sua desobediência ao mensageiro de Deus, que falava bem claro: "seu filho terá o nome de João", Zacarias ficou mudo.

No entanto, Deus é misericordioso, perdoou-lhe quando ele com esforço consertou seu erro, exclamando:

— "O nome dele é João".

João cresceu. Era realmente um eleito de Deus. Humilde, João vestia-se com pelos de camelo e se alimentava de mel silvestre e de gafanhotos.

Era humilde mas um sábio porque Deus o quis e ele foi chamado de *Profeta do Altíssimo* porque ia à frente do Senhor, preparando-lhe o caminho.

Sim, João, você iluminará os que estão sentados nas trevas e nas sombras da morte. Você dirigirá os passos de todos para o caminho da *PAZ!*
 João morou no deserto até o dia de se apresentar em público a Israel. Quando Pôncio Pilatos foi nomeado governador da Judeia, aconteceu o que Deus falara, João estava no deserto. Percorria toda a região do rio Jordão, pregando um batismo de *CONVERSÃO.*
 — O batismo só tem real valor quando compreendemos os outros para levá-los a Deus, como disse o profeta Isaías.
 E João seguiu a vontade de Deus. Dizia à multidão que vinha para ser batizada:
 — Sejam merecedores do batismo. O machado já está sobre a raiz das árvores. Toda árvore que não der frutos bons será cortada e lançada ao fogo. Não pratiquem maldades contra ninguém.
 Algumas pessoas pensavam que João fosse o próprio Cristo. João respondeu-lhes:
 — Eu não sou digno de desatar a correia de suas sandálias. Eu batizo com água, ele, Jesus, os batizará no *Espírito Santo!*

Reflexão: *Preparemos nosso caminho para a chegada de Jesus, no Natal: obedecendo a nossos pais, professores, padres, catequistas, avós e mais velhos; perdoando os que nos fizeram sofrer, enchendo de alegria nossa vida, tendo fé, esperança, generosidade e AMOR ao próximo.*

(Combinar com as crianças, gestos para cada uma dessas virtudes.)

VIVAMOS O REINO DE DEUS

3º DOMINGO
DO ADVENTO
(Lc 3,10-18)

Naquele tempo, [10]as multidões perguntavam a João: "Que devemos fazer?"

[11]João respondia: "Quem tiver duas túnicas, dê uma a quem não tem; e quem tiver comida, faça o mesmo!"

[12]Foram também para o batismo cobradores de impostos, e perguntaram a João: "Mestre, que devemos fazer?"

[13]João respondeu: "Não cobreis mais do que foi estabelecido".

[14]Havia também soldados que perguntavam: "E nós, que devemos fazer?"

João respondia: "Não tomeis à força dinheiro de ninguém, nem façais falsas acusações; ficai satisfeitos com o vosso salário!"

[15]O povo estava na expectativa e todos perguntavam no seu íntimo se João não seria o Messias. [16]Por isso, João declarou a todos: "Eu vos batizo com água, mas virá aquele que é mais forte do que eu. Eu não sou digno de desamarrar a correia de suas sandálias. Ele vos batizará no Espírito Santo e no fogo. [17]Ele virá com a pá na mão: vai limpar sua eira e recolher o trigo no celeiro; mas a palha, ele a queimará no fogo que não se apaga".

[18]E ainda de muitos outros modos, João anunciava ao povo a Boa-Nova.

— Palavra da Salvação.

— **Glória a vós, Senhor!**

(Jogral)

Lado A:
Como devemos viver?
Ensina-nos João!

João:
Bom coração devem ter
Com fé, amor e perdão.

João:
Procurem ser generosos
Procurem ter humildade
Procurem espalhar a paz
E viver a caridade!

João:
Lembrar que somos irmãos
Não importa sua cor
Todos são filhos de Deus
E merecem nosso Amor.

Lado B:
Dois agasalhos nós temos?
Vamos dar um ao irmão.
É muito ruim sentir frio,
Tosse, febre, rouquidão...

João:
Dinheiro é necessário
Mas tenham muita certeza
Quando se faz, sem cobrar
Que alegria! Que beleza!

Lado A:
Certamente isto acontece.
Jesus não nos cobrou
Deu dons... dons... e mais dons!
Para a gente multiplicar...

Lado B: Multipliquemos a fé
A ajuda ao velhinho
Gestos de compreensão
Palavras de muito carinho.

Lado A:
Não ter vergonha, ó gente,
De falar do bom Jesus
Que ele é a salvação
Com Ele, vivemos na luz!

Lado B: É melhor falar de Jesus
Do que de festa, televisão,
Fofocas, piadas sem graça,
Nada dizem ao coração!

Lado A e **Lado B:**
Lembrar sempre de Jesus
Lembrar seu sofrimento
Por nossa causa, irmão
Sua morte foi tormento.

Crucificado na cruz,
Por um dos seus foi traído
E Ele sabia de tudo
Como deve ter sofrido...

João: Não falemos de tristeza
Falemos de alegria
Iremos ao seu encontro
Na Sagrada Eucaristia!

João: Viva Jesus! Ele vai chegar!

Todos: Viva!

Reflexão: Vamos todos nos alegrar porque Jesus está sempre do nosso lado! Ele não nos abandona nunca. Tenhamos fé!

MARIA, MÃE DO FILHO DE DEUS

4º DOMINGO DO ADVENTO
(Lc 1,26-38)

Naquele tempo, [26]no sexto mês, o anjo Gabriel foi enviado por Deus a uma cidade da Galileia, chamada Nazaré, [27]a uma virgem, prometida em casamento a um homem chamado José. Ele era descendente de Davi e o nome da Virgem era Maria. [28]O anjo entrou onde ela estava e disse: "Alegra-te, cheia de graça, o Senhor está contigo!" [29]Maria ficou perturbada com estas palavras e começou a pensar qual seria o significado da saudação. [30]O anjo, então, disse-lhe: "Não tenhas medo, Maria, porque encontraste graça diante de Deus. [31]Eis que conceberás e darás à luz um filho, a quem porás o nome de Jesus. [32]Ele será grande, será chamado Filho do Altíssimo, e o Senhor Deus lhe dará o trono de seu pai Davi. [33]Ele reinará para sempre sobre os descendentes de Jacó, e o seu reino não terá fim". [34]Maria perguntou ao anjo: "Como acontecerá isso, se eu não conheço homem algum?" [35]O anjo respondeu: "O Espírito virá sobre ti, e o poder do Altíssimo te cobrirá com sua sombra. Por isso, o menino que vai nascer será chamado Santo, Filho de Deus. [36]Também Isabel, tua parenta, concebeu um filho na velhice. Este já é o sexto mês daquela que era considerada estéril, [37]porque para Deus nada é impossível". [38]Maria, então, disse: "Eis aqui a serva do Senhor; faça-se em mim segundo a tua palavra!" E o anjo retirou-se. — Palavra da Salvação.
— **Glória a vós, Senhor!**

(Participaremos da história cantando a palavra ✪ Maria, quando fizermos este gesto *[fazê-lo]* e cantando ☐ Isabel, quando fizer-mos este outro gesto *[fazê-lo]*).

Lá ao longe em Israel, na cidade chamada Nazaré, morava uma excelente mocinha, meiga, simples, alegre e bondosa. Todas as mocinhas da cidade conheciam as palavras dos profetas.

— Uma de nós vai ser a escolhida para ser a mãe de Jesus.

— Serei eu! Sou a melhor de todas, dizia uma delas.

— Ah! Ah! Ora que prosa! Claro que eu sou a melhor, pois sou a mais inteligente.

— Nada disso. Eu sou a melhor, pois tenho mais dinheiro.

Só uma das mocinhas não falava. Era 🌀 *(fazer a interferência com a palavra Maria)*. 🌀 era humilde. 🌀 nada esperava. 🌀 rezava. 🌀 tratava de seus afazeres com amor. 🌀 cantava. 🌀 olhava para todos com bondade e ternura.

Certa vez, 🌀 estava rezando quando surgiu a sua frente um anjo:

— Ave, 🌀! Salve, 🌀! Cheia de graça. Bendita é você. Entre todas as mulheres, você foi a escolhida por Deus, para ser mãe do Messias, a mãe de Jesus.

— Eu; eu? Mas e as outras? São mais bonitas, mais perfeitas e mais sábias do que eu...

— Deus a escolheu, 🌀. Você será a mãe do Messias que os profetas anunciaram. O Messias receberá o nome de Jesus. Também sua prima Isabel, embora velha, terá um filho que se chamará João. Tudo isto vai acontecer porque para Deus nada é impossível.

O anjo, após dizer estas palavras, subiu ao céu.

A jovem 🌀, com simplicidade, mas cheia de alegria, murmurou:

— Meu Deus! Seja feita a sua vontade!

Os passarinhos cantaram os mais lindos cantos, as flores desabrocharam mais perfumadas, as abelhinhas e borboletas voaram mais alegres.

— A mãe de Jesus chamava-se 🌀.

☀ Maria ■ Isabel

☀ foi visitar ☐. O caminho era longo. ☀ teve de andar muito, subir montanhas (gesto) e atravessar rios (ruído). Teve de enfrentar o sol (gesto) e a chuva (gesto).

Algumas pessoas achavam que ☀ não iria aguentar mas ☀ não desistiu; sua prima ☐ precisava dela. E quando alguém precisava de ☀, ela estava sempre disposta a ajudar.

Ao chegar à casa de ☐, ☀ falou:

— ☐, soube que você vai ter um filho. Eu vim para ajudá-la.

Naquele momento, ☐ ouviu a voz de Deus em seu coração e soube que ☀ seria a Mãe de Jesus. Alegremente exclamou:

— Você, ☀, é a melhor das mulheres, por isso será a mãe de Jesus.

A bondosa mocinha chamada ☀ respondeu:

— Meu coração agradece a Deus.

Em casa de sua prima ☐, ☀ passou três meses, trabalhando para ela: cozinhava, costurava, arrumava, lavava a casa e carregava água da fonte.

Ao voltar à sua cidade de Nazaré, após três meses, ☀ e José souberam que tinham de viajar.

Reflexão: *(após a história) – Vamos, com muita fé e alegria, rezar a Ave-Maria. Não esqueçamos que a primeira parte está no Evangelho. Devemos rezar a Ave-Maria todos os dias e não esquecer que Advento é o tempo em que esperamos Jesus.*

NASCEU O SALVADOR

CELEBRAÇÃO DO NATAL
(Lc 2,15-20)

[15]Quando os anjos se afastaram, voltando para o céu, os pastores disseram entre si: "Vamos a Belém ver este acontecimento que o Senhor nos revelou". [16]Os pastores foram às pressas a Belém e encontraram Maria e José, e o recém-nascido deitado na manjedoura. [17]Tendo-o visto, contaram o que lhes fora dito sobre o menino. [18]E todos os que ouviram os pastores ficaram maravilhados com aquilo que contavam. [19]Quanto a Maria, guardava todos esses fatos e meditava sobre eles em seu coração. [20]Os pastores voltaram, glorificando e louvando a Deus por tudo o que tinham visto e ouvido, conforme lhes tinha sido dito.
— Palavra da Salvação.
— **Glória a vós, Senhor!**

(Dramatização)

Narrador: Naqueles dias, saiu um decreto de César Augusto *(entra um arauto, toca a corneta com força e lê um pergaminho).*

Arauto: O Imperador decreta o recenseamento de toda a terra. Repito: o Imperador César Augusto decreta o recenseamento de toda a terra *(toca a corneta outra vez e sai).*

Um Homem: Que é recenseamento?

2º Homem: É uma operação administrativa que consiste em determinar o número de todos os habitantes de certo território, com discriminação de sexo, nacionalidade, profissão etc. *(saem os dois homens).*

Narrador: Todos iam alistar-se, cada um em sua cidade.

José: Vamos, Maria, para a cidade de Nazaré, para a cidade de Davi, chamada Belém. Nós somos da casa e família de Davi. Vamos, Maria, nos alistar.

Narrador: Maria estava grávida, faltava pouco para o parto. Lá em Belém, Maria deu à luz ao primeiro filho. Maria e José não tinham casa. O bebê não possuía berço.

Maria: Vou enrolar meu filhinho em panos e deitá-lo numa manjedoura.

Narrador: Manjedoura é o lugar onde se põe comida para os animais. Pobres Maria e José, não havia lugar para eles nas hospedarias, nas pensões. Elas estavam cheias por causa do recenseamento *(anjos entrando, dançando, ao som de sininhos).*

Anjos: Jesus nasceu! Jesus nasceu!

Narrador: Naquela região havia pastores vigiando o rebanho.

Pastores: *(Tocam carneiros e ovelhas).*

Carneiros e ovelhas: Mé! Mé!

Surge um anjo: O Senhor me enviou! Jesus, Filho de Deus e de Maria, acaba de nascer!

Narrador: Os pastores ficaram envolvidos de luz *(jatos de lanterna).*

Pastores: Estamos com medo!

Anjo: Não tenham medo. Ao contrário, enchei os corações de alegria. O povo também se alegrará *(todos os que estão presentes batem palmas e cantam).*

Anjos, pastores *(entram e andam pelo meio do povo):* Nasceu hoje o Salvador que é o Cristo Senhor.

Todos: Onde?

Anjos e pastores: Na cidade de Belém! Na cidade de Belém!

Narrador: Neste momento, desceu do céu um exército de Anjos, cantando:

Anjos: Glória a Deus nas alturas e paz na terra aos homens por Ele amados! *(música do Pe. Marcelo).*

Narrador: Quando os Anjos se foram, disseram os pastores:

Pastores: Vamos ver o bebê! Ele nasceu em Belém!

Narrador: Os pastores encontraram Maria, José e o bebê, na manjedoura. Os pastores nos contaram maravilhas sobre Jesus e todos ficaram maravilhados porque nascera o Salvador do mundo! O Rei dos Reis!

Canto: *(Maria traz nos braços um menino de verdade. José a acompanha, os pastores, e os anjos saltitam felizes)* – Música.

Reflexão: *Jesus nasceu para todos os que o recebem e acreditam em seu nome. Jesus dá para todos o poder de se tornarem filhos de Deus!*

ENTRE OS DOUTORES DA LEI

FESTA DA SAGRADA
FAMÍLIA
(Lc 2,41-50)

[41]Os pais de Jesus iam todos os anos a Jerusalém, para a festa da Páscoa. [42]Quando ele completou doze anos, subiram para a festa, como de costume. [43]Passados os dias da Páscoa, começaram a viagem de volta, mas o menino Jesus ficou em Jerusalém, sem que seus pais o notassem. [44]Pensando que ele estivesse na caravana, caminharam um dia inteiro. Depois começaram a procurá-lo entre os parentes e conhecidos. [45]Não o tendo encontrado, voltaram para Jerusalém à sua procura. [46]Três dias depois, o encontraram no Templo. Estava sentado no meio dos mestres, escutando e fazendo perguntas. [47]Todos os que ouviam o menino estavam maravilhados com sua inteligência e suas respostas. [48]Ao vê-lo, seus pais ficaram muito admirados e sua mãe lhe disse: — "Meu filho, por que agiste assim conosco? Olha que teu pai e eu estávamos, angustiados, à tua procura". [49]Jesus respondeu: — "Por que me procuráveis? Não sabeis que devo estar na casa de meu Pai?" [50]Eles, porém, não compreenderam as palavras que lhes dissera. [51]Jesus desceu então com seus pais para Nazaré, e era-lhes obediente. Sua mãe, porém, conservava no coração todas estas coisas. [52]E Jesus crescia em sabedoria, estatura e graça, diante de Deus e diante dos homens.

— Palavra da Salvação.
— **Glória a vós, Senhor!**

(Jogral)

Lado A:
Todos voltavam para casa,
Pois a Páscoa terminou.
Que coisa estranha!
Não é?
A família se separou!

Lado B:
A família era Jesus,
Maria e seu pai José.
Os pais não deram por falta,
Todos andavam a pé.

Lado A:
Maria e José voltaram.
José: Jesus,
onde foi parar?
Maria:
Já sei! Em Jerusalém.
Lado A:
Vamos,
vamos procurar...

Lado B:
Um dia, e dois e três
Maria e **José:**
Onde esse menino está?
Lado B:
Acharam-no no templo.
Muitos mestres estavam lá.

Lado A: Com atenção e espanto
Ouviam Jesus falar.
1º Doutor: Ele só tem 12 anos.
2º Doutor: E quanta sabedoria
Ele está a nos passar...

Lado A: Maria ficou surpresa:
Maria: Por que você fez assim?
José: Por que nos deixou na estrada.
Lado A: Que sofrimento sem fim!

Lado B: Jesus respondeu com calma:
Mulher, por que me procuravam?
Vindo à casa de meu Pai
Com certeza, me achavam.

Lado A e **Lado B:** Maria e José sem falar
Não puderam responder...
Eles não compreenderam
O que Jesus queria dizer.

Lado A: Jesus foi a Nazaré
Com José e com Maria
Como sempre, obediente
Dando aos pais muita alegria.

Lado B: Maria o amava muito.
José o admirava.
José e **Maria:** Que menino bom é Jesus.
Ele de nada reclamava!

Todos: Que exemplo de família,
Quanta paz e quanto amor,
Quanta bondade e perdão,
Na alegria e na dor.

Viva Jesus e Maria,
Viva José, seu protetor,
Quem os segue é feliz,
Palavras de nosso Senhor!

FESTA DE MARIA, MÃE DE DEUS

DIA DA PAZ
(Lc 2,16-21)

Naquele tempo, [16]os pastores foram às pressas a Belém e encontraram Maria e José, e o recém-nascido deitado na manjedoura. [17]Tendo-o visto, contaram o que lhes fora dito sobre o menino. [18]E todos os que ouviram os pastores ficaram maravilhados com aquilo que contavam. [19]Quanto a Maria, guardava todos esses fatos e meditava sobre eles em seu coração. [20]Os pastores voltaram, glorificando e louvando a Deus por tudo que tinham visto e ouvido, conforme lhes tinha sido dito. [21]Quando se completaram os oito dias para a circuncisão do menino, deram-lhe o nome de Jesus, como fora chamado pelo anjo antes de ser concebido.
— Palavra da Salvação.
— Glória a vós, Senhor!

Mensagem inicial: No primeiro dia do ano, desejamos a todas as crianças, pais e mães, amigos, parentes, a toda a comunidade aqui presente, muita PAZ que só Jesus nos pode dar.

Peçamos à Virgem Maria, Rainha da Paz, que nos cubra com seu manto e nos obtenha de Jesus a graça de gozarmos de PAZ, ALEGRIA e SAÚDE ao longo deste novo ano.

(Vem a procissão de entrada precedida por uma criança trazendo um cartaz com a pomba da Paz).

A CAMINHADA DE MARIA
(Dramatização)

Personagens: Maria – 1º. Narrador – 2º. Narrador – Anjo Gabriel – Isabel – José – Pastores – Simeão – Jesus com 12 anos – João – Anjinhos.

1º Narrador: Vamos, neste momento, com muita atenção e amor, ver como Maria viveu amando sempre o Senhor, transmitindo Paz e levando Amor.

2º Narrador: Um dia, Maria, bem jovem, estava rezando quando recebeu a visita do Anjo Gabriel.

Anjo Gabriel: Sorria, Maria, porque você foi a escolhida para ser a Mãe de Deus! *(o Anjo sai e Maria vai ao encontro de Isabel).*

1º Narrador: Maria amava muito as pessoas. Soube que sua prima Isabel estava grávida. Foi, então, à sua casa para ajudá-la.

Isabel: Como estou contente em receber você, Maria!

2º Narrador: Maria ficou ajudando Isabel durante três meses, mas ela precisava viajar com José para Belém *(entra José e caminha com Maria para o outro lado do altar).*

Maria: José, está na hora de o bebê nascer! Ele já nasceu! Vamos adorá-lo! *(um anjinho chega e, erguendo os braços, apresenta o menino Jesus aos pastores que entram para vê-lo).*

Canto: Meninos, ó vinde....

1º Narrador: Depois que Jesus nasceu, Maria e José levaram-no à igreja e lá se encontraram com um velho sacerdote chamado Simeão.

Simeão: Estou feliz porque meus olhos viram o Salvador!

2º Narrador: Quando Jesus estava com doze anos, foram à igreja para a festa da Páscoa e lá Jesus se perdeu de Maria e José; por isso, eles ficaram aflitos. Depois de procurarem bastante o encontraram.

Maria: Meu filho, seu pai e eu estávamos preocupados com você.

Jesus: Não se preocupem, eu preciso cuidar das coisas de Deus, nosso Pai. *(Jesus sai).*

1º Narrador: O tempo passou. Jesus cresceu e fez milagres, evangelizando o povo e depois foi crucificado.

2º Narrador: Maria sofreu muito com a morte de Jesus e foi cuidada por João, grande amigo de seu Filho *(cena de João e Maria).*

1º Narrador: Quando ela morreu, foi levada por Deus para o céu *(Maria sobe alguns degraus perto do altar).*

1º Narrador: E, lá do céu, foi coroada Rainha do céu e da terra *(dois anjinhos coroam Maria e todos cantam a música da coroação).*

Animadora: *Apresentamos esta dramatização para vocês conhecerem um pouquinho mais da vida de Maria: vida de amor, de sacrifício, de bondade, de exemplos e de paz!*

UNIÃO EM TORNO DE JESUS

EPIFANIA DO SENHOR
(Mt 2,1-12)

¹Tendo nascido Jesus na cidade de Belém, na Judeia, no tempo do rei Herodes, eis que alguns magos do Oriente chegaram a Jerusalém, ²perguntando: "Onde está o rei dos judeus, que acaba de nascer? Nós vimos a sua estrela no Oriente e viemos adorá-lo".

³Ao saber disso, o rei Herodes ficou perturbado assim como toda a cidade de Jerusalém.

⁴Reunindo todos os sumos sacerdotes e os mestres da Lei, perguntava-lhes onde o Messias deveria nascer. ⁵Eles responderam: "Em Belém, na Judeia, pois assim foi escrito pelo profeta: ⁶E tu, Belém, terra de Judá, de modo algum és a menor entre as principais cidades de Judá, porque de ti sairá um chefe que vai ser o pastor de Israel, o meu povo".

⁷Então Herodes chamou em segredo os magos e procurou saber deles cuidadosamente quando a estrela tinha aparecido. ⁸Depois os enviou a Belém, dizendo: "Ide e procurai obter informações exatas sobre o menino. E, quando o encontrardes, avisai-me, para que também eu vá adorá-lo".

⁹Depois que ouviram o rei, eles partiram. E a estrela, que tinham visto no Oriente, ia adiante deles, até parar sobre o lugar onde estava o menino. ¹⁰Ao verem de novo a estrela, os magos sentiram uma alegria muito grande.

¹¹Quando entraram na casa, viram o menino com Maria, sua mãe. Ajoelharam-se diante dele, e o adoraram. Depois abriram seus cofres e lhe ofereceram presentes: ouro, incenso e mirra.

¹²Avisados em sonho para não voltarem a Herodes, retornaram para a sua terra, seguindo outro caminho.

— Palavra da Salvação.
— **Glória a vós, Senhor!**

Ao redor da gruta onde Maria e José esperavam o bebê que iria nascer, havia três canteiros com flores belíssimas: o primeiro de rosas brancas, o segundo de rosas amarelas e o terceiro de rosas negras.

— "Borboleta Colorida, leve-me para dentro da gruta, quero ver a criancinha nascer", disse uma florzinha bem branquinha.

— "Borboleta de Bolinhas, eu também quero ver", reclamou uma das flores negras.

— "Borboleta Listradinha, veja como sou bela! Quero enfeitar o presépio."

As borboletas prestativas atenderam ao pedido das belas flores e a gruta cobriu-se de cores, perfumes e muita alegria.

O bebê já tinha nascido! Era 6 de janeiro e Jesus nasceu no dia 25 de dezembro. Maria e José apresentaram o Filho de Deus, o Salvador do mundo.

Os carneirinhos deram ao bebê muita lã para aquecê-lo, os sábios, conhecidos por Reis Magos, trouxeram de seus países ouro, incenso e mirra, e as flores se uniram, num grande ramalhete, formando um arco de três cores, unidos pelo amor de Jesus.

Nada de separação, de racismo e desunião, Jesus mensageiro de Deus quer que vivamos em UNIÃO e PAZ.

Este novo ano seja de bênçãos a todos os que sofrem, de alegria para os que vivem tristes com injustiças e humilhações, porque NÓS de todas as raças somos irmãos.

Vamos rezar o terço todos os dias, suplicando à Mãe do céu a união dos cristãos.

Salve-Rainha: *Salve, Rainha, Mãe de misericórdia, vida, doçura, esperança nossa, salve! A vós bradamos, os degredados filhos de Eva; a vós suspiramos gemendo e chorando neste vale de lágrimas. Eia, pois, advogada nossa, esses vossos olhos misericordiosos a nós volvei e, depois deste desterro, mostrai-nos Jesus, bendito fruto do vosso ventre, ó clemente, ó piedosa, ó doce sempre Virgem Maria.*
Rogai por nós, Santa Mãe de Deus, para que sejamos dignos das promessas de Cristo.

O NOVO CAMINHO

BATISMO DO SENHOR
(Lc 3,15-16.21-22)

Naquele tempo, ¹⁵o povo estava na expectativa e todos se perguntavam no seu íntimo se João não seria o Messias. ¹⁶Por isso, João declarou a todos: "Eu vos batizo com água, mas virá aquele que é mais forte do que eu. Eu não sou digno de desamarrar a correia de suas sandálias. Ele vos batizará no Espírito Santo e no fogo".
²¹Quando todo o povo estava sendo batizado, Jesus também recebeu o batismo. E, enquanto rezava, o céu se abriu ²²e o Espírito Santo desceu sobre Jesus em forma visível, como pomba. E do céu veio uma voz: "Tu és o meu Filho amado, em ti ponho o meu bem-querer".
— Palavra da Salvação.
— **Glória a vós, Senhor!**

O viajante suava ao atravessar o deserto de areia. A água tinha se acabado há muito tempo e estava sem alimento há dois dias. Montava um camelo vagaroso que parecia não sair do lugar.

Que fazer?

De repente, o viajante esfrega os olhos... Que maravilha! Bem a sua frente estava uma grande quantidade de palmeiras, em volta de um lago de águas mansas.

Ibraim, o viajante, descendo do camelo, correu em direção às palmeiras. Suas pernas estavam fracas e ele caía a todo instante na areia quente. Levantava-se com dificuldade e caía novamente. Até que se aproximou do lugar maravilhoso onde poderia beber água. Estendeu as mãos... e tudo fugiu de seus olhos...

Era uma miragem!

Ibraim, desesperado, ajoelhou-se. Ajoelhou-se e rezou. Precisava achar um "novo caminho" no deserto, caso contrário, morreria de fome e de sede. Olhou para todos os lados. De repente, espantou-se! Lá adiante, uma luz forte descia do céu, abrindo-se em leque nas cores do arco-íris.

Ibraim, maravilhado e cheio de fé, foi rastejando devagarinho, devagarinho, e depois de uma hora que lhe pareceu um dia, ele realmente chegou ao oásis cheio de tâmaras gostosas e de água pura e cristalina. Ibraim estava salvo!

Reflexão: *O deserto por onde passava Ibraim, faminto, sedento e morto de calor, representa a vida do homem sem batismo. A miragem é a falsa alegria que o pecado oferece ao homem. O oásis representa a casa de Deus onde se entra por meio do batismo...*

O MENINO DE RUA

1º DOMINGO DA QUARESMA
(Lc 4,1-13)

Naquele tempo, ¹Jesus, cheio do Espírito Santo, voltou do Jordão, e, no deserto, ele era guiado pelo Espírito. ²Ali foi tentado pelo diabo durante quarenta dias. Não comeu nada naqueles dias e, depois disso, sentiu fome. ³O diabo disse, então, a Jesus: "Se és Filho de Deus, manda que esta pedra se mude em pão". ⁴Jesus respondeu: "A Escritura diz: 'Não só de pão vive o homem'"

⁵O diabo levou Jesus para o alto, mostrou-lhe por um instante todos os reinos do mundo ⁶e lhe disse: "Eu te darei todo este poder e toda a sua glória, porque tudo isto foi entregue a mim e posso dá-lo a quem quiser. ⁷Portanto, se te prostrares diante de mim em adoração, tudo isso será teu". ⁸Jesus respondeu: "A Escritura diz: 'Adorarás o Senhor teu Deus, e só a ele servirás'".

⁹Depois o diabo levou Jesus a Jerusalém, colocou-o sobre a parte mais alta do Templo e lhe disse: "Se és Filho de Deus, atira-te daqui abaixo! ¹⁰Porque a Escritura diz: 'Deus ordenará aos seus anjos a teu respeito que te guardem com cuidado!' ¹¹E mais ainda: 'Eles te levarão nas mãos, para que não tropeces em alguma pedra'". ¹²Jesus, porém, respondeu: "A Escritura diz: 'Não tentarás o Senhor teu Deus'".

¹³Terminada toda a tentação, o diabo afastou-se de Jesus, para retornar no tempo oportuno.
— Palavra da Salvação.
— **Glória a vós, Senhor!**

Chiquinho é menino de rua: não tem lar, não tem casa, não tem roupas novas, não tem sapatos. Seu dia é muito movimentado: levanta cedo do chão, do casarão abandonado onde dorme todos os dias. Lava o rosto numa velha bica e corre para o distribuidor de jornal. Pega seu pacote de jornais e corre para entregá-los.

Já com as gorjetas nas mãos, pode tomar sua primeira refeição mas, no caminho, encontrou outro menino que lhe falou:
— Você está com fome? Vamos roubar um pão, assim você guarda seu dinheirinho.
— Ora, não me amole. Vou fazer o que é certo.

Chiquinho entrou na padaria, comprou um pão com manteiga, um copo de café com leite e fez seu lanche, tranquilamente. Logo após, correu ao mercado, para ajudar o Tião a selecionar as frutas nos balcões.

No caminho, encontrou outro menino, que falou:
— Você quer ganhar dinheiro na moleza? Venha comigo que vou lhe mostrar.
— Ora, não amole. Vou fazer o que é certo. Vou trabalhar no mercado.

No final do dia, com dois trabalhos bem feitos, dinheirinho no bolso, passou numa lanchonete e comprou hambúrguer, batatas fritas e refrigerante. Que almoço gostoso!

Novamente recebeu outra proposta:

— Nossa! Que carro bonito! Veja que lindo toca-fitas. Se você conseguir roubá-lo, todos os meninos da rua vão ser seus amigos porque gostam de curtir um som.

— Ora, não amole. Vou fazer o que é certo.

Tranquilamente cuidou bem de todos os carros e recebeu sua gorjeta que era fruto de seu trabalho.

Voltou para casa e enterrou o dinheirinho num lugar secreto.

Dormiu como um anjo, pois tinha o coração limpo, limpo e puro.

Chiquinho sabia o que era certo e o que era errado.

Reflexão: *Chiquinho foi tentado três vezes a fazer coisas erradas. Saiu-se muito bem: embora menino de rua, ele sabia o que era certo e o que era errado. Jesus foi tentado a fazer coisas erradas, mas continuou no bom caminho. Chiquinho fez o que Jesus ensinou, por isso era muito feliz!*

MUDANÇA TOTAL DE VIDA

2º DOMINGO DA QUARESMA
(Lc 9,28b-36)

Naquele tempo, [28b]Jesus levou consigo Pedro, João e Tiago, e subiu à montanha para rezar.
[29]Enquanto rezava, seu rosto mudou de aparência e sua roupa ficou muito branca e brilhante.
[30]Eis que dois homens estavam conversando com Jesus: eram Moisés e Elias. [31]Eles apareceram revestidos de glória e conversavam sobre a morte, que Jesus iria sofrer em Jerusalém.
[32]Pedro e os companheiros estavam com muito sono. Ao despertarem, viram a glória de Jesus e os dois homens que estavam com ele.
[33]E, quando estes dois homens iam se afastando, Pedro disse a Jesus: "Mestre, é bom estarmos aqui. Vamos fazer três tendas: uma para ti, outra para Moisés e outra para Elias". Pedro não sabia o que estava dizendo.
[34]Ele estava ainda falando, quando apareceu uma nuvem que os cobriu com sua sombra. Os discípulos ficaram com medo ao entrarem dentro da nuvem.
[35]Da nuvem, porém, saiu uma voz que dizia: "Este é o meu Filho, o Escolhido. Escutai o que ele diz!"
[36]Enquanto a voz ressoava, Jesus encontrou-se sozinho. Os discípulos ficaram calados e naqueles dias não contaram a ninguém nada do que tinham visto.
— Palavra da Salvação.
— **Glória a vós, Senhor!**

Fazer um gesto para "do contra", outro para "legal" e outro para SIM e mais um para NÃO.

Era uma vez um menino mau. Ele era do contra.
— Meu filho, você rezou de manhã e à noite? Perguntava-lhe sua mãe.
— Eu não!
E de manhã à noite era sempre não! Não! Não! Ele era do contra.
Os colegas convidavam Lucilo.
— Vamos jogar bola?
— Eu não.
— Vamos correr um pouco?
— Eu não.
— Vamos então ver televisão?
— Eu não.
Lucilo era mesmo do contra.
Dona Mariana, a bondosa cozinheira, pro-

curava agradar-lhe, mas não conseguia nem fazer Lucilo sorrir...
— Fiz um gostoso feijão com carne-seca para você.
— Eu não gosto!
— Tem pudim de chocolate para sobremesa, continuava a cozinheira.
— Eu não quero!
— E mais uma surpresa: sorvete de morango, disse finalmente, dona Mariana, certa de ouvir do Lucilo uma resposta afirmativa. Qual nada! O menino respondeu-lhe:
— Que horror! Não suporto morango.
Assim, Lucilo fazia os outros infelizes, mas se sentia também infeliz... Os colegas não mais o convidavam para nada...
— Lucilo, dizia o pai, Dr. Célio, é um caso perdido. Largue-o de mão, Mariana!
— Coitado de nosso filho. Há alguma coisa errada com ele. Ele precisa de nós. Acho que ele se modificará.
— Só se for no dia de "são nunca", respondeu, zangado, o pai.
Todos foram se afastando de Lucilo, menos dona Mariana. Ela sentou-se a seu lado, acariciou-lhe os cabelos e disse:
— Lucilo, eu gosto muito de você.
O menino arregalou os olhos.

— De mim? Mas eu sou "do contra", só gosto de dizer não!

— Meu filho, eu tenho certeza que você é uma criança muito boa. Não adianta fingir que é mau. Eu creio em você!

— Em mim?

Dona Mariana abraçou o filho carinhosamente e os olhos de Lucilo encheram-se de lágrimas.

— Eu não mereço ter uma mãe como você!

— Filho! Você não é o que parece. E durante muitos dias e muitos meses, dona Mariana dedicou-se exclusivamente a Lucilo. Conversavam horas a fio.

Aos pouquinhos, foi havendo a transformação do menino. Já não dizia só não, às vezes dizia sim, e começou a se sentir feliz!

No fim de um ano já não era mais do contra! Lucilo era uma criança legal!

O amor de sua mãe tinha conseguido o grande milagre da "transfiguração"...

Reflexão: *Jesus se transfigurou no monte Tabor: revestiu-se de luz divina, mostrando-nos que Ele é o Filho de Deus. Nós também precisamos tornar-nos luminosos, de modo a mostrar ao mundo que somos filhos de Deus, irmãos de Jesus. Todas as crianças cristãs devem transmitir uma luz nova: a luz da fé em Jesus, Filho de Deus e nosso irmão. Quem tem fé em Jesus sabe servir o próximo: tem luz!*

UM BOM EXEMPLO

3º DOMINGO DA QUARESMA
(Lc 13,1-9)

¹Naquele tempo, vieram algumas pessoas trazendo notícias a Jesus a respeito dos galileus que Pilatos tinha matado, misturando seu sangue com o dos sacrifícios que ofereciam.

²Jesus lhes respondeu: "Vós pensais que esses galileus eram mais pecadores do que todos os outros galileus, por terem sofrido tal coisa? ³Eu vos digo que não. Mas, se vós não vos converterdes, ireis morrer todos do mesmo modo.

⁴E aqueles dezoito que morreram, quando a torre de Siloé caiu sobre eles? Pensais que eram mais culpados do que todos os outros moradores de Jerusalém? ⁵Eu vos digo que não. Mas, se não vos converterdes, ireis morrer todos do mesmo modo".

⁶E Jesus contou esta parábola: "Certo homem tinha uma figueira plantada na sua vinha. Foi até ela procurar figos e não encontrou. ⁷Então disse ao vinhateiro: 'Já faz três anos que venho procurando figos nesta figueira e nada encontro. Corta-a! Por que está ela inutilizando a terra?'

⁸Ele, porém, respondeu: 'Senhor, deixa a figueira ainda este ano. Vou cavar em volta dela e colocar adubo. ⁹Pode ser que venha a dar fruto. Se não der, então a cortarás'".

— Palavra da Salvação.
— **Glória a vós, Senhor!**

Lena era uma pessoa muito especial; casada com Nando e mãe de filhos já grandes, já casados, resolveu adotar crianças abandonadas.

Conseguiu adotar cinco crianças, pois a lei não permite que sejam adotadas mais de cinco.

No entanto, foram sendo deixadas, à sua porta, outras crianças, e Lena conseguiu do Juizado de Menores autorização para cuidar dessas outras crianças.

O Juiz falou-lhe:
— Lena, que vai fazer para sustentar tantas crianças?
— Não se preocupe, doutor. A comunidade está me ajudando. Recebo roupas, sapatos, agasalhos e alimentos para as crianças. O que eu preciso fazer é educá-las e prepará-las para a sociedade.

Mas, um dia, deixaram à sua porta uma menina bem pequena: era surda-muda.

Depois, um menino com lesões cerebrais muito graves: não podia andar, não falava e tinha problemas visuais.

Seu marido Nando falou:

— Que fazer com estas crianças? Vamos entregá-las para o Juiz resolver seu destino.

— Nando, nem pense nisto. Vou cuidar delas, fazer tratamento especial para cada uma... No futuro, quem sabe? Poderão até trabalhar. Nando pensou mais e apoiou a ação de Lena.

Hoje, eles já têm dezoito filhos e dez são crianças com deficiências físicas, mas Lena e Nando dizem que, apoiados pela Comunidade, a "Casa" deles tornou-se "Lar" de crianças abandonadas.

Lá, as crianças encontraram o amor que faz crescer, florir e frutificar.

Reflexão: Neste 3º Domingo da Quaresma, Jesus nos convida à conversão. Precisamos começar a construir o Reino de Deus dentro de nós, e já sabemos que este Reino brota só onde existe amor e perdão, e assim poderemos introduzir a paz em nossa comunidade e no Brasil!

ALUNO PRÓDIGO

4º DOMINGO DA QUARESMA
(Lc 15,1-3.11-32)

Naquele tempo, [1] os publicanos e pecadores aproximavam-se de Jesus para o escutar. [2] Os fariseus, porém, e os mestres da Lei criticavam Jesus: "Este homem acolhe os pecadores e faz refeição com eles". [3] Então Jesus contou-lhes esta parábola: [11] "Um homem tinha dois filhos. [12] O filho mais novo disse ao pai: 'Pai, dá-me a parte da herança que me cabe'. E o pai dividiu os bens entre eles.

[13] Poucos dias depois, o filho mais novo juntou o que era seu e partiu para um lugar distante. E ali esbanjou tudo numa vida desenfreada. [14] Quando tinha gasto tudo o que possuía, houve uma grande fome naquela região, e ele começou a passar necessidade.

[15] Então foi pedir trabalho a um homem do lugar, que o mandou para seu campo cuidar dos porcos. [16] O rapaz queria matar a fome com a comida que os porcos comiam, mas nem isto lhe davam.

[17] Então caiu em si e disse: 'Quantos empregados do meu pai têm pão com fartura, e eu aqui, morrendo de fome. [18] Vou-me embora, vou voltar para meu pai e dizer-lhe: Pai, pequei contra Deus e contra ti; [19] já não mereço ser chamado teu filho. Trata-me como a um dos teus empregados'.

[20] Então ele partiu e voltou para seu pai. Quando ainda estava longe, seu pai o avistou e sentiu compaixão. Correu-lhe ao encontro, abraçou-o e cobriu-o de beijos.

[21] O filho, então, lhe disse: 'Pai, pequei contra Deus e contra ti. Já não mereço ser chamado teu filho'.

[22] Mas o pai disse aos empregados: 'Trazei depressa a melhor túnica para vestir meu filho. E colocai um anel no seu dedo e sandálias nos pés. [23] Trazei um novilho gordo e matai-o. Vamos fazer um banquete. [24] Porque este meu filho estava morto e tornou a viver; estava perdido e foi encontrado'. E começaram a festa.

[25] O filho mais velho estava no campo. Ao voltar, já perto de casa, ouviu música e barulho de dança. [26] Então chamou um dos criados e perguntou o que estava acontecendo.

[27] O criado respondeu: 'É teu irmão que voltou. Teu pai matou o novilho gordo, porque o recuperou com saúde'.

[28] Mas ele ficou com raiva e não queria entrar. O pai, saindo, insistia com ele.

[29] Ele, porém, respondeu ao pai: 'Eu trabalho para ti há tantos, jamais desobedeci a qualquer ordem tua. E tu nunca me deste um cabrito para eu festejar com meus amigos. [30] Quando chegou esse teu filho, que esbanjou teus bens com prostitutas, matas para ele o novilho cevado'.

[31] Então o pai lhe disse: 'Filho, tu estás sempre comigo, e tudo o que é meu é teu. [32] Mas era preciso festejar e alegrar-nos, porque este teu irmão estava morto e tornou a viver; estava perdido, e foi encontrado'.

— Palavra da Salvação.

— Glória a vós, Senhor!

Numa pequena Escola, os alunos eram tratados com muito carinho. Havia lá muito amor, respeito, muita aprendizagem, pois havia acima de tudo disciplina. Todos deviam ser pontuais, deviam fazer sempre seus deveres de casa, deviam manter a escola limpa e outras coisas mais...

Um dos alunos, Fabrício, cansou-se de tanta organização e de tantos deveres a cumprir. Resolveu pedir transferência e ir para outro lugar. Dona Diva, a Diretora, conversou muito com ele, mostrou-lhe o quanto era importante ser disciplinado e cumprir deveres para ter direitos garantidos. Mesmo assim Fabrício não quis ficar e pediu sua transferência.

Muito triste, dona Diva autorizou a transferência. Vários colegas de Fabrício choraram na despedida. Ele se despediu e partiu sem olhar para trás.

Bem longe daquela escola, Fabrício começou a aproveitar a liberdade sem responsabilidade. Aprendeu a fumar, começou a fazer uso de drogas, juntou-se a um grupo de rapazes que fazia bagunça nas ruas, pichavam muros, quebravam vidraças, brigavam com outros rapazes...

Era um terror! Até que um dia eles foram presos...

Lá, sozinho na cela, sentiu saudades da escola de dona Diva. Sentiu saudades da amizade e do respeito que havia perdido. Sentiu saudades da ordem e da disciplina, e pensou:

— Se eu ainda estivesse lá não estaria sofrendo assim. Não teria me perdido no meio de tantas coisas erradas que fiz. Será que dona Diva ainda me aceita como aluno? Quando sair daqui vou voltar e pedir que me aceite.

Dois meses depois, liberado da prisão, procurou dona Diva. Foi recebido com muito carinho. Todos os antigos colegas correram para perguntar-lhe o que andava fazendo. Ele sentiu muita vergonha e não teve coragem de contar as coisas erradas que fez.

Mas para dona Diva ele contou toda a sua história e recebeu dela compreensão, perdão e amor. Ela o aceitou de volta e no dia seguinte ele já estava na sala estudando, cumprindo seus deveres e seguindo as regras de estudo e comportamento da escola. Recuperou-se rápido e logo já estava no ritmo dos colegas.

> **Reflexão:** *Voltar para o caminho do bem sempre é bom e é sinal de inteligência. Jesus nos ensina que o perdão do Pai é maior que todos os nossos erros juntos. O Pai sempre acolhe seus filhos com amor e alegria.*

A ESPOSA JOÃO-DE-BARRO QUE NÃO FOI FIEL...

5º DOMINGO DA QUARESMA
(Jo 8,1-11)

Naquele tempo, [1]Jesus foi para o monte das Oliveiras.

[2]De madrugada, voltou de novo ao Templo. Todo o povo se reuniu em volta dele. Sentando-se, começou a ensiná-los.

[3]Entretanto, os mestres da Lei e os fariseus trouxeram uma mulher surpreendida em adultério. Colocando-a no meio deles, [4]disseram a Jesus: "Mestre, esta mulher foi surpreendida em flagrante adultério. [5]Moisés, na Lei, mandou apedrejar tais mulheres. Que dizes tu?"

[6]Perguntavam isso para experimentar Jesus e para terem motivo de o acusar. Mas Jesus, inclinando-se, começou a escrever com o dedo no chão. [7]Como persistissem em interrogá-lo, Jesus ergueu-se e disse: "Quem dentre vós não tiver pecado, seja o primeiro a atirar-lhe uma pedra". [8]E, tornando a inclinar-se, continuou a escrever no chão.

[9]E eles, ouvindo o que Jesus falou, foram saindo um a um, a começar pelos mais velhos; e Jesus ficou sozinho, com a mulher que estava lá, no meio do povo. [10]Então Jesus se levantou e disse: "Mulher, onde estão eles?" Ninguém te condenou?" [11]Ela respondeu: "Ninguém, Senhor". Então Jesus lhe disse: "Eu também não te condeno. Podes ir, e de agora em diante não peques mais".

— Palavra da Salvação.

— Glória a vós, Senhor!

Certa vez, um mocinho joão-de-barro fez um lindo ninho para sua amada, a mocinha joão-de-barro.

Que trabalho! Que canseira!

Precisou de dias e de noites, muitas, para fazer aquela confortável casa de cinco andares!

Não importavam o frio, o calor, a zombaria dos travessos macaquinhos que dele zombavam, ele ia e voltava trazendo no bico um pouquinho de barro e o colocava no ninho inacabado.

"Minha querida merece o que há de melhor: um palácio."

Enfim, chegou o dia do casamento: a mocinha joão-de-barro estava linda, de véu e grinalda. O elegante e trabalhador mocinho joão-de-barro, de cartola e gravatinha.

Foi uma festa deslumbrante: os beija-flores unidos desenharam no céu um grande coração. O uirapuru veio do Amazonas para cantar a marcha nupcial. Os tangarás chegaram apressados do Paraná para dançarem, com os noivos, a quadrilha.

As abelhinhas doceiras fabricaram docinhos caramelados com mel de laranjeira, e até os macaquinhos arrependidos jogavam pétalas de rosas sobre os noivos.

Que coisa mais linda!

"Vão viver eternamente felizes, pensavam todos..."

Estavam, no entanto, enganados.

Pouco tempo depois do casamento, a senhora joão-de-barro, na ausência do marido, foi namorar um pilantra joão-de-barro.

O pobre esposo apaixonado, sofreu muito mas tomou uma resolução: enquanto a traidora dormia, tapou a porta do ninho, a única abertura, com barro, muito barro!

E a esposa? Infelizmente morreu sem ar...

Sabendo desse fato, uma outra senhora joão-de-barro que fizera o mesmo que a primeira, ficou desesperada, olhou para o céu e ouviu o sr. Vento, Mensageiro do Alto.

— Perdão! Perdão!

O sr. Vento, com sua bondade divina, chamou todos os pássaros e lhes disse:

— Quem nunca errou pode atirar a primeira bolinha de barro.

O sr. Vento partiu mas quando voltou àquele lugar encontrou a segunda esposa joão-de-barro bem vivinha.

Com sua voz pausada, perguntou-lhe:

— Ninguém atirou-lhe bolas de barro?

— Não, senhor! Chorou a jovem senhora joão-de-barro.

— Então vá, e não peque mais!

Reflexão: *Jesus ensina-nos que não devemos julgar os outros porque é divino perdoar!*

EVANGELHO DRAMATIZADO

DOMINGO DE RAMOS
(Lc 19,28-40)

Naquele tempo, [28]Jesus caminhava à frente dos discípulos, subindo para Jerusalém. [29]Quando se aproximou de Betfagé e Betânia, perto do monte chamado das Oliveiras, enviou dois de seus discípulos, dizendo: [30]"Ide ao povoado ali na frente. Logo na entrada encontrareis um jumentinho amarrado, que nunca foi montado. Desamarrai-o e trazei-o aqui. [31]Se alguém, por acaso, vos perguntar: 'Por que desamarrais o jumentinho?', respondereis assim: 'O Senhor precisa dele'".

[32]Os enviados partiram e encontraram tudo exatamente como Jesus lhes havia dito. [33]Quando desamarravam o jumentinho, os donos perguntaram: "Por que estais desamarrando o jumentinho?" [34]Eles responderam: "O Senhor precisa dele". [35]E levaram o jumentinho a Jesus. Então puseram seus mantos sobre o animal e ajudaram Jesus a montar. [36]E enquanto Jesus passava, o povo ia estendendo suas roupas no caminho.

[37]Quando chegou perto da descida do monte das Oliveiras, a multidão dos discípulos, aos gritos e cheia de alegria, começou a louvar a Deus por todos os milagres que tinha visto. [38]Todos gritavam: "Bendito o rei, que vem em nome do Senhor! Paz no céu e glória nas alturas!" [39]No meio da multidão, alguns dos fariseus disseram a Jesus: "Mestre, repreende teus discípulos!" [40]Jesus, porém, respondeu: "Eu vos declaro: se eles se calarem, as pedras gritarão".

— Palavra da Salvação.
— **Glória a vós, Senhor!**

(Feito fora da igreja pelas crianças, com exceção da parte do Presidente.)

Personagens: Narrador – Jesus – Dois discípulos – Jumentinho *(pode ser o animal ou alguém forte que carregue Jesus, uma criança)* – Dois donos do jumento – Povo *(várias crianças)* – Multidão *(mais de vinte crianças)* – Três fariseus – Presidente.
Local: fora da igreja.

Narrador: Neste Domingo de Ramos, queremos lembrar a entrada de Jesus na cidade de Jerusalém, onde é esperado pelo povo, de ramos nas mãos. Jesus irá enfrentar a morte por nosso amor. Procuremos ficar unidos com Jesus, prometendo-lhe nossa amizade e nosso amor.

Canto de entrada: Rei, rei, rei! Jesus é nosso Rei!
Boas-vindas: *(por conta do Presidente).*

Oração: Deus eterno e Todo-Poderoso, abençoa estes ramos, para que, seguindo com alegria o Cristo, nosso Rei, cheguemos por Ele à eterna Jerusalém. Por Cristo, nosso Senhor!

Assembleia: Amém!

Presidente: O Senhor esteja convosco.

Assembleia: Ele está no meio de nós!

Presidente: Proclamação do evangelho escrito por Lucas.

Assembleia: Glória a vós, Senhor!

Narrador: Jesus caminhava à frente dos discípulos. Iam para Jerusalém. Quando chegou perto do monte das Oliveiras, disse a dois discípulos:

Jesus: Vão ao povoado, logo ali. Na entrada do povoado, encontrarão um jumentinho *(personificado ou não)* que está amarrado. Desamarrem o jumentinho e se por acaso alguém perguntar por que desamarram o jumentinho, respondam: "O Senhor precisa dele".

Narrador: Tudo aconteceu como Jesus falou.
(Dois discípulos desamarram o jumentinho.)
Os donos: Por que desamarram?
Dois discípulos: O Senhor precisa dele!

Narrador: O povo jogou ao chão para Jesus passar, seus mantos *(as crianças colocam panos coloridos no chão)*.

Povo: Deus seja louvado! Viva Jesus! Viva nosso Rei! Obrigado pelos milagres que fez!

Alguém da multidão: Bendito o Rei, que vem em nome do Senhor! Paz no céu e glória nas alturas! *(todos repetem o que foi dito)*.

Fariseus saem da multidão: Mestre, repreende teus discípulos.

Jesus: Eu vos digo: se eles se calarem, as pedras gritarão!

Todos: As pedras gritarão! Viva Jesus, nosso Rei!

(Todos, de ramos na mão, iniciam a procissão para a igreja.)

A SEMENTINHA MORREU?

RESSURREIÇÃO
(Jo 20,1-9)

¹No primeiro dia da semana, Maria Madalena foi ao túmulo de Jesus, bem de madrugada, quando ainda estava escuro, e viu que a pedra tinha sido tirada do túmulo. ²Então ela saiu correndo e foi encontrar Simão Pedro e o outro discípulo, aquele que Jesus amava, e lhes disse: "Tiraram o Senhor do túmulo, e não sabemos onde o colocaram". ³Saíram, então, Pedro e o outro discípulo e foram ao túmulo. ⁴Os dois corriam juntos, mas o outro discípulo correu mais depressa que Pedro e chegou primeiro ao túmulo. ⁵Olhando para dentro, viu as faixas de linho no chão, mas não entrou. ⁶Chegou também Simão Pedro, que vinha correndo atrás, e entrou no túmulo. Viu as faixas de linho deitadas no chão ⁷e o pano que tinha estado sobre a cabeça de Jesus, não posto com as faixas, mas enrolado num lugar à parte. ⁸Então entrou também o outro discípulo, que tinha chegado primeiro ao túmulo. Ele viu, e acreditou. ⁹De fato, eles ainda não tinham compreendido a Escritura, segundo a qual ele devia ressuscitar dos mortos. — Palavra da Salvação.

— **Glória a vós, Senhor!**

Vivia, lá embaixo da terra, numa casinha toda fechada, uma sementinha bem pequenina.

Ela se encontrava no silêncio e na solidão. Só havia tristeza...

Um dia, ela ouviu um barulho forte:

— Chi, iu, iu, iuiu!
— Quem está fazendo esse barulho aí fora?
— Sou eu, Sementinha, o sol, seu amigo. Vim dar-lhe força para tirá-la dessa escuridão em que vive. Venha comigo!
— Deus me livre! Você me dá medo... Vá embora!...

O sol, triste por não ter ajudado a Sementinha, retirou-se para visitar outras sementinhas.

E nossa pequena sementinha ficou novamente no silêncio e na escuridão.

E se passou muito tempo...

A Sementinha estava muito triste embaixo da terra.

Um dia, ela ouviu outro barulhinho:

— Plique-ploque! Plique-ploque!

— Quem está fazendo plique, ploque aí fora?

— Sou eu, Sementinha. Vim refrescá-la e dar-lhe força para sair daí, debaixo da terra.

— Eu não quero ser ajudada por quem faz plique-ploque. Vá embora!

A chuva retirou-se muito triste e foi ajudar outras sementinhas.

Passou-se muito tempo...

A Sementinha continuava na escuridão e no silêncio.

Certa noite, ela ouviu:

— Chiu, chiu, chiu, chiu... Plique-ploque, plique-ploque...

— Outra vez? Juntos?

— Sim. Nós vamos ajudá-la. Você precisa de nós.

A chuva entrou por baixo da porta, limpou a casa e refrescou-a.

O sol enviou seu raio que puxou a sementinha para fora da casinha.

A chuva e o sol foram levando-a ao alto, devagarinho.

Subiram.... subiram.... e, de repente, a sementinha sentiu calor e pluft... se abriu, desabrochando numa linda flor, perfumada e colorida.

Os passarinhos cantaram, as abelhinhas zumbiram, as borboletas dançaram ao seu redor.

— Vida! Que linda flor desabrochou!

A Sementinha sentiu uma alegria imensa. Estava cercada de amigos gentis. O silêncio e a escuridão tinham desaparecido e tudo agora era alegria, compreensão e paz.

Reflexão: *Nós somos sementinhas. Um dia estaremos na terra, mas Deus com sua força e poder nos dará nova vida e nós ressuscitaremos.*

TOMÉ NÃO ACREDITOU

2º DOMINGO DA PÁSCOA
(Jo 20,19-31)

[19]Ao anoitecer daquele dia, o primeiro da semana, estando fechadas, por medo dos judeus, as portas do lugar onde os discípulos se encontravam, Jesus entrou e, pondo-se no meio deles, disse: "A paz esteja convosco". [20]Depois dessas palavras, mostrou-lhes as mãos e o lado. Então os discípulos se alegraram por verem o Senhor. [21]Novamente, Jesus disse: "A paz esteja convosco. Como o Pai me enviou, também eu vos envio". [22]E, depois de ter dito isso, soprou sobre eles e disse: "Recebei o Espírito Santo. [23]A quem perdoardes os pecados, eles lhes serão perdoados; a quem não os perdoardes, eles lhes serão retidos".

[24]Tomé, chamado Dídimo, que era um dos doze, não estava com eles quando Jesus veio. [25]Os outros discípulos contaram-lhe depois: "Vimos o Senhor!" Mas Tomé disse-lhes: "Se eu não vir a marca dos pregos em suas mãos, se eu não puser o dedo nas marcas dos pregos e não puser a mão no seu lado, não acreditarei".

[26]Oito dias depois, encontravam-se os discípulos novamente reunidos em casa, e Tomé estava com eles. Estando fechadas as portas, Jesus entrou, pôs-se no meio deles e disse: "A paz esteja convosco". [27]Depois disse a Tomé: "Põe o teu dedo aqui e olha as minhas mãos. Estende a tua mão e coloca-a no meu lado. E não sejas incrédulo, mais fiel". [28]Tomé respondeu: "Meu Senhor e meu Deus!" [29]Jesus lhe disse: "Acreditaste, porque me viste? Bem-aventurados os que creram sem terem visto!"

[30]Jesus realizou muitos outros sinais diante dos discípulos, que não estão escritos neste livro. [31]Mas estes foram escritos para que acrediteis que Jesus é o Cristo, o Filho de Deus, e, para que, crendo, tenhais a vida em seu nome. — Palavra da Salvação.
— Glória a vós, Senhor!

(Dramatização)

Cenário: *Crianças sentadas no chão, formando uma grande sala.*

Narrador: As portas estavam fechadas. Já se haviam passado alguns dias da morte de Jesus. Todos os apóstolos estavam lá. Tinham se trancado, com medo dos judeus. Jesus entra e fica no meio deles.

Jesus: A paz esteja com vocês.

Narrador: Jesus mostra as mãos aos apóstolos e o lado *(pintado de guache vermelho)*.

Jesus repete: A paz esteja com vocês.

Apóstolos: É Jesus! Jesus ressuscitou. Suas mãos estão sangrando... O lado também.

Jesus: O Pai do céu me enviou, agora, eu envio vocês.

Narrador: Jesus soprou sobre os apóstolos.

Jesus: Recebam o Espírito Santo. Os pecados que vocês perdoarem, serão por mim perdoados. Os pecados que vocês não perdoarem, não serão também perdoados por mim.

Narrador: Estavam ali, na hora, todos os apóstolos, menos Tomé. Quando Tomé voltou para casa, os outros disseram:

Todos os apóstolos: Vimos o Senhor!

Tomé: Não acredito, Jesus morreu. Só acredito, se puder colocar meu dedo em suas marcas de prego.

Narrador: Oito dias depois os discípulos estavam juntos outra vez, quando Jesus surgiu.

Jesus: A paz esteja com vocês.

Narrador: Jesus virou-se para Tomé.

Jesus: Você não tem fé. Ponha seus dedos em minhas mãos. Passe a mão no meu lado. É importantíssimo que as pessoas tenham fé.

Tomé: Meu Senhor e meu Deus!

Jesus: Você acredita agora porque me viu e me tocou. Felizes são os que acreditam sem ver.

Jesus fez gestos: Amor, Perdão, Servir ao próximo, Alegria, Humildade.

Assembleia: Jesus é o Cristo! Jesus é o Filho de Deus! Jesus é o Caminho! Jesus é a Vida!

Reflexão: *Ter fé em Jesus Cristo é muito mais importante que ver e saber. Ter fé é, por exemplo, acreditar na ressurreição de Jesus mesmo sem tê-lo visto sair do sepulcro. Nós acreditamos na ressurreição de Jesus e no seu amor. É só crendo em Jesus que seremos felizes e encontraremos o caminho do céu!*

A TERCEIRA APARIÇÃO DE JESUS DEPOIS DE RESSUS

3º DOMINGO DA PÁSCOA
(Jo 21,1-19)

Naquele tempo, [1]Jesus apareceu de novo aos discípulos, à beira do mar de Tiberíades. A aparição foi assim:

[2]Estavam juntos Simão Pedro, Tomé, chamado Dídimo, Natanael de Caná da Galileia, os filhos de Zebedeu e outros dois discípulos de Jesus.

[3]Simão Pedro disse a eles: "Eu vou pescar". Eles disseram: "Também vamos contigo". Saíram e entraram na barca, mas não pescaram nada naquela noite.

[4]Já tinha amanhecido, e Jesus estava de pé na margem. Mas os discípulos não sabiam que era Jesus. [5]Então Jesus disse: "Moços, tendes alguma coisa para comer?" Responderam: "Não". [6]Jesus disse-lhes: "Lançai a rede à direita da barca, e achareis".

Lançaram pois a rede e não conseguiam puxá-la para fora, por causa da quantidade de peixes. [7]Então, o discípulo a quem Jesus amava disse a Pedro: "É o Senhor!"

Simão Pedro, ouvindo dizer que era o Senhor, vestiu sua roupa, pois estava nu, e atirou-se ao mar. [8]Os outros discípulos vieram com a barca, arrastando a rede com os peixes.

Na verdade, não estavam longe da terra, mas somente a cerca de cem metros. [9]Logo que pisaram a terra, viram brasas acesas, com peixe em cima, e pão. [10]Jesus disse-lhes: "Trazei alguns dos peixes que apanhastes".

(Dramatização)

Cenário: Um grupo de crianças agitará fitas azuis de crepom que representarão o mar. O outro grupo de crianças, de mãos dadas, sentado à frente do altar, formará um barco. Do outro lado do altar, algumas crianças segurarão fitas marrons, indicando que ali é terra. Perto destas estarão alguns apóstolos com panos na cabeça para o destaque necessário. Os apóstolos andarão na direção do mar e lançarão a rede várias vezes.

CITADO

[11]Então Simão Pedro subiu ao barco e arrastou a rede para a terra. Estava cheia de cento e cinquenta e três grandes peixes; e apesar de tantos peixes, a rede não se rompeu. [12]Jesus disse-lhes: "Vinde comer". Nenhum dos discípulos se atrevia a perguntar quem era ele, pois sabiam que era o Senhor. [13]Jesus aproximou-se, tomou o pão e distribuiu-o por eles. E fez a mesma coisa com o peixe. [14]Esta foi a terceira vez que Jesus, ressuscitado dos mortos, apareceu aos discípulos. [15]Depois de comerem, Jesus perguntou a Simão Pedro: "Simão, filho de João, tu me amas mais do que estes?" Pedro respondeu: "Sim, Senhor, tu sabes que eu te amo". Jesus disse: "Apascenta meus cordeiros". [16]E disse de novo a Pedro: "Simão, filho de João, tu me amas?" Pedro disse: "Sim, Senhor, tu sabes que eu te amo". Jesus lhe disse: "Apascenta minhas ovelhas". [17]Pela terceira vez, perguntou a Pedro: "Simão, filho de João, tu me amas?" Pedro ficou triste, porque Jesus perguntou três vezes se ele o amava. Respondeu: "Senhor, tu sabes tudo; tu sabes que eu te amo". Jesus disse-lhe: "Apascenta minhas ovelhas". [18]Em verdade, em verdade te digo: quando eras jovem, tu cingias e ias para onde querias. Quando fores velho, estenderás as mãos e outro te cingirá e te levará para onde não queres ir". [19]Jesus disse isso, significando com que morte Pedro iria glorificar a Deus. E acrescentou: "Segue-me".

— Palavra da Salvação.

— Glória a vós, Senhor!

Pedro: Eu vou pescar.

Apóstolos: Nós também vamos.

Comentarista: Não pescaram coisa alguma naquela noite.

Jesus: Vocês têm alguma coisa para comer?

Apóstolos: Não!

Jesus: Lancem a rede à direita do barco e vocês acharão o que comer...

Comentarista: Os apóstolos assim fizeram e não conseguiram puxar a rede de tão pesada que ela estava.

As crianças que representarão o mar irão jogando peixes de papel colorido na rede.

João: Pedro, veja, é o Senhor! É Jesus!
Comentarista: Ouvindo isso, Pedro fala:
Pedro: Vou me arrumar... *(coloca um pano e atira-se na água).*
Comentarista: Os outros discípulos vieram e juntos arrastaram a rede. Jesus estava perto de um cesto de pães e assava um peixe na brasa.
Jesus: Tragam alguns peixes que vocês acabaram de pescar.
Comentarista: Pedro entra no barco e arrasta a rede.
Pedro: Aqui tem cento e cinquenta e três grandes peixes.
Jesus: Vamos almoçar!
Comentarista: Os apóstolos, nesse momento, reconheceram a pessoa de Jesus.
Todos: É Jesus! É Jesus!
Comentarista: Todos batam palmas para Jesus....

Reflexão: *Após sua ressurreição, Jesus aparece muitas vezes aos discípulos e lhes ensina a ter confiança em sua Palavra. E os apóstolos, unidos na fé em Jesus, tornam-se fortes e corajosos. Jesus quer ver-nos unidos em comunidade, para repartirmos entre nós o Pão da Palavra e o Pão da Eucaristia. Assim, poderemos enfrentar a vida com alegria e coragem.*

A MISSÃO DO CASTOR LEAL

4º DOMINGO
DA PÁSCOA
(Jo 10,27-30)

Naquele tempo, disse Jesus: 27"Minhas ovelhas escutam minha voz, eu as conheço e elas me seguem. 28Eu dou-lhes a vida eterna e elas jamais se perderão. E ninguém vai arrancá-las de minha mão. 29Meu Pai, que me deu estas ovelhas, é maior que todos, e ninguém pode arrebatá-las da mão do Pai. 30Eu e o Pai somos um".
— Palavra da Salvação.
— **Glória a vós, Senhor!**

Dom Castor precisava viajar para longe, percorrendo montanhas e vales, rios e florestas. Por isso, chamou seu filho único, o Castorzinho Leal.
— Filho, preciso de você. Cuide bem de todos.
— Sim, pai, conte comigo. Pode ir tranquilo.

O Castorzinho Leal, muito responsável, olhou o rio, o céu, e pensou:
— Vem chuva por aí. O rio pode transbordar. Que farei?

Olhou uma grande árvore e, com seus quatro dentões, roeu em volta do tronco, até formar um sulco profundo, com feitio de anel.

Quando a árvore se pôs a balançar, Castorzinho Leal, preocupado com os coelhinhos, carneiros, passarinhos, joaninhas, formigas e minhocas, bateu a cauda no chão.
— Pam! Pam! Pam! Ei, amiguinhos, corram! A árvore vai cair...

Todos fugiram e, tibumba! A grande árvore caiu mas não machucou ninguém.

Não pensava em descansar, nem em comer. Quando a

47

fome aumentava, Leal roía cascas de tronco e, para sobremesa, um pedacinho de madeira.

Depois, levou os pedaços cortados para a beira do rio, colocando pedras em cima para não serem levados pela correnteza...

E, juntando, depois de algum tempo, pedras, pedações de madeira e lama, Leal construiu um dique que protegeria os amiguinhos do transbordamento das águas do rio.

Mal acabara de construir a forte proteção, caíram os primeiros pingos de chuva:

— Plique! Ploque! Plique! Ploque!

Logo depois a chuva se transformava em chuvarada e, a seguir, era uma torrente.

Castorzinho Leal viu então os amiguinhos tiritando de frio.

Mais uma vez cumpriu a palavra dada ao pai: levou todos os bichinhos para sua casa forte como a rocha, em cima do dique, feita também com gravetos, pedras e lama.

Lá ficaram até a chuva passar e o rio baixar o nível.

— Obrigado, Castor Leal, agradeceram todos.

Quando seu pai voltou, abraçou o filho carinhosamente:

— Parabéns, você cumpriu sua missão! Você é parecido com o bom pastor que não abandona suas ovelhas em perigo...

Reflexão: *Como Jesus, Bom Pastor que defende suas ovelhas, nós também temos nossos compromissos a cumprir, defender os mais fracos, ajudar os mais pobres, perdoar os que nos ofendem.*

ONDE EXISTE O AMOR

5º DOMINGO
DA PÁSCOA
(Jo 13,31-33a.34-35)

[31]Depois que Judas saiu do cenáculo, disse Jesus: "Agora foi glorificado o Filho do Homem, e Deus foi glorificado nele. [32]Se Deus foi glorificado nele, também Deus o glorificará em si mesmo, e o glorificará logo. [33a]Filhinhos, por pouco tempo estou ainda convosco. [34]Eu vos dou um novo mandamento: amai-vos uns aos outros. Como eu vos amei, assim também vós deveis amar-vos uns aos outros. [35]Nisto todos conhecerão que sois meus discípulos, se tiverdes amor uns aos outros".
— Palavra da Salvação.
— **Glória a vós, Senhor!**

Era uma vez um hotel onde morava o AMOR. Entre árvores maravilhosas, flores perfumadas, havia também muitos animais, que nunca brigavam. Não brigavam porque no hotel havia amor. E a arara podia lançar seus gritos:
— Arara! Arara! Vovó! Vovó! Quem é você? Lolita! Bela!

Lolita e Bela, as mocinhas donas do hotel, eram amadas por todos os animais, as crianças e os adultos.

O hotel Javary, à margem do lago, oferecia uma belíssima vista, com os pedalinhos andando de um lado para o outro.

Mas quem mais chamava atenção eram os miquinhos pulando de galho em galho, soltando seus guinchinhos engraçados.

As crianças que iam ao "lugar onde existe o amor riam muito dos miquinhos, brincavam, nadavam na piscina, andavam de charrete, de pedalinho e de trenzinho azul".

Um dia, os miquinhos deram-se as patinhas e foram pulando no caminho encantado feito de tocos de madeira, rodeados de milhares de flores ("mini-sem-vergonhas") em diferentes matizes branco, azul e roxo. O caminho era sinuosamente arquitetado, descendo morro abaixo, em direção ao lago.

Os miquinhos desciam pela floresta, pulando nas árvores.

Atrás do Mocinho Miquinho e da Mocinha Miquinha vinham borboletas, vaga-lumes, abelhinhas fazendo um original cortejo nupcial. Os outros miquinhos brincavam e pulavam de cipó em cipó...

Os louva-a-deus juntaram suas patinhas, agradecendo o amor que havia ali. As plantas marantas juntaram as folhas, também louvando a Deus. Jack, o cachorrinho poodle, muito animado com tanto amor, pulava e corria ao redor da piscina: au, au, au, au... As pombinhas brancas, negras e cinzas fizeram então uma figura no céu; dois corações entrelaçados. Eram os corações do Moço Miquinho e da Moça Miquinha.

Todas as crianças e adultos bateram palmas.

As mocinhas Lolita e Bela fizeram uma grande festa de amor, ao redor da piscina, com música bem tocada: um autêntico forró.

E as bromélias gigantes que cresciam e cresciam alegres construíram a "casa" dos noivinhos. Uma beleza!

Parabéns, Lolita e Bela.

Reflexão: *Jesus quer que nos amemos como Ele nos amou. Ele nos amou fazendo-se igual a nós: pequenino com os pequeninos, pobre com os pobres, sofredor com os sofredores. Ele nos provou seu amor, morrendo na cruz por nossa salvação.*

Jesus não nos amou só por palavras. Nós também, se quisermos seguir o exemplo de Jesus, precisamos amar os outros, perdoando, servindo, ajudando. Nosso amor deve ser feito de gestos, não só de palavras.

Crianças: *Obrigado, Jesus, pelo novo mandamento do Amor!*

UMA AVENTURA DO PINGUINHO DE LUZ

6º DOMINGO DA PÁSCOA

(Jo 14,23-29)

Naquele tempo, disse Jesus a seus discípulos:

²³"Se alguém me ama, guardará minha palavra, e meu Pai o amará, e nós viremos e faremos nele nossa morada. ²⁴Quem não me ama, não guarda minha palavra. E a palavra que escutais não é minha, mas do Pai que me enviou. ²⁵Isso é o que vos disse enquanto estava convosco. ²⁶Mas o Defensor, o Espírito Santo, que o Pai enviará em meu nome, ele vos ensinará tudo e vos recordará tudo o que eu vos tenho dito. ²⁷Deixo-vos a paz, a minha paz vos dou; mas não a dou como o mundo. Não se perturbe nem se intimide vosso coração. ²⁸Ouvistes que eu vos disse: 'Vou, mas voltarei a vós'. Se me amásseis, ficaríeis alegres porque vou para o Pai, pois o Pai é maior do que eu. ²⁹Disse-vos isso, agora, antes que aconteça, para que, quando acontecer, vós acrediteis.

— Palavra da Salvação.

— Glória a vós, Senhor!

Na pétala perfumada da rosa vermelha estava o Pinguinho de Luz irradiando sua luz dourada.

No meio do grande girassol amarelo, que se voltara para o Pinguinho de Luz, que caíra do Céu, a consertar antenas quebradas, asas rasgadas de borboletas, reumatismo de tartarugas, dentes cariados dos coelhinhos, enfim, mil coisas maravilhosas.

O Pinguinho de Luz, com sua voz meiga, mas muito firme, disse-lhes:

— Meus amigos, sigam sempre minha Palavra.

— Sua Palavra? Que é isto?

— Minha Palavra é meu ensinamento.

— Com quem vocês aprenderam essas coisas?

— Com meu Pai, Pingo de Luz.

— Onde ele está?

— Bem no alto! Ele é Rei!

— Se seguirmos seus ensinamentos, se não esquecermos de perdoar, de servir e de amar, que receberemos do Rei Pingo de Luz?

Sorrindo, o Pinguinho levantou o braço direito, apontando para o alto.

— Vocês viverão para sempre em paz!
— Nós já temos paz!
O Pinguinho de Luz levantou os dois bracinhos e explicou:
— A Paz de meu Pai é diferente porque é eterna, nunca acaba. Os injustiçados, os sofredores, os doentes, os abandonados e os pobres viverão felizes sem dor, sem fome, sem humilhação.
— E nós? Também?
— Sim! Vou repetir: quem seguir meus ensinamentos amando, perdoando e servindo ao próximo terá a Paz Eterna!

O Pinguinho de Luz tirou de seu bolsinho um lenço de estrelinhas de todas as cores e sacudiu-o; uma chuva de estrelinhas caiu sobre os amiguinhos do Pinguinho de Luz e eles brilharam mais do que nunca e se transformaram novamente em lindos vaga-lumes que voaram acendendo e apagando suas luzinhas de amor e paz!

Reflexão: Jesus nos pede que guardemos o mandamento de amor. Sabendo, porém, que somos muito fracos, Ele nos promete o Espírito Santo para nos ajudar na caminhada. Podemos contar sempre com a força do Espírito Santo, que recebemos no batismo e na crisma.

A POMBINHA DO SENHOR

ASCENSÃO
DO SENHOR
(Lc 24,46-53)

Naquele tempo, disse Jesus a seus discípulos: [46]"Assim está escrito: O Cristo sofrerá e ressuscitará dos mortos ao terceiro dia [47]e, no seu nome, serão anunciados a conversão e o perdão dos pecados a todas as nações, começando por Jerusalém. [48]Vós sereis testemunhas de tudo isso. [49]Eu enviarei sobre vós aquele que meu Pai prometeu. Por isso, permanecei na cidade, até que sejais revestidos da força do alto". [50]Então Jesus levou-os para fora, até perto de Betânia. Ali ergueu as mãos e abençoou-os. [51]Enquanto os abençoava, afastou-se deles e foi levado para o céu. [52]Eles o adoraram.

Em seguida voltaram para Jerusalém, com grande alegria. [53]E estavam sempre no Templo, bendizendo a Deus.

— Palavra da Salvação.

— Glória a vós, Senhor!

Era um recanto lindo da floresta: uma clareira rodeada de árvores frondosas que se erguiam à beira de um riacho encachoeirado.

Nas bonitas árvores, viviam milhares de passarinhos de todos os tipos, que gorjeavam lindas canções.

Certa vez, desceu do céu um pombinha Branca que se viu cercada de muitos passarinhos.

— Quem é você?

— A Pombinha Branca.

— De onde você veio?

— Lá do alto.

— Queremos ser seus amigos.

— Já esperava que isso acontecesse...

— Você é linda!

— Você transmite amor!

— Você transmite alegria!

E foi assim que a Pombinha Branca foi recebida pelos gentis passarinhos da floresta.

Ela estava cansada e faminta porque viera de muito longe.

Os passarinhos deram-lhe comida e um ninho fofinho e gostoso onde ela pudesse descansar.

A Pombinha Branca comeu todo o alimento e dormiu muitas horas.

Quando acordou, levou os passarinhos para o riacho e contou-lhes histórias de amor.

Todos estavam distraídos e não viram a aproximação de caçadores.

Os tiros pipocaram, mas somente a Pombinha Branca foi atingida na cabeça, nas asas e nos pés.

Caiu morta no chão com o sangue correndo da cabeça.

O caçador deu uma ruidosa gargalhada: Ah! Ah! Ah! E foi embora a assobiar.

Os passarinhos choraram muito e cobriram com flores a amiguinha morta.

Três dias depois, a pombinha levantou-se, sacudindo as flores, para espanto dos passarinhos:

— Já se passaram três dias e chegou o momento de ir embora. Vamos à outra margem do rio.

Todos voaram para lá.

A Pombinha Branca abriu suas lindas asas e os abençoou. Depois disse claramente:

— Meu Pai enviará alguém que virá morar com vocês, dando-lhes força, amor e paz.

E como uma seta, voou para o céu...

Realmente, uma pombinha de Luz desceu do alto e veio morar nos corações dos passarinhos que não faziam maldades e sabiam amar.

Reflexão: *Jesus torna-se invisível, despede-se dos apóstolos: isso é Ascensão de Jesus. Jesus vai ao encontro do Pai, mas nos deixa uma missão: regar o amor entre as pessoas e convidá-las para viver na unidade! Jesus tornou-se invisível a nossos olhos, porém, está bem presente em nosso meio.*

PENTECOSTES

PENTECOSTES
(Jo 20,19-23)

[19]Ao anoitecer daquele dia, o primeiro da semana, estando fechadas, por medo dos judeus, as portas do lugar onde os discípulos se encontravam, Jesus entrou e, pondo-se no meio deles, disse: "A paz esteja convosco". [20]Depois dessas palavras, mostrou-lhes as mãos e o lado. Então os discípulos se alegraram por verem o Senhor. [21]Novamente, Jesus disse: "A paz esteja convosco. Como o Pai me enviou, também eu vos envio". [22]E, depois de ter dito isso, soprou sobre eles e disse: "Recebei o Espírito Santo. [23]A quem perdoardes os pecados, eles lhes serão perdoados; a quem não os perdoardes, eles lhes serão retidos".
— Palavra da Salvação.
— Glória a vós, Senhor!

O mundo estava triste porque as cores não coloriam. Tudo era preto e branco: flores, borboletas, matas, árvores, mares, frutas e estrelas.

As cores não cumpriam sua missão. Estavam juntas em um poço fundo a brigar.

— Sou a mais linda!, dizia a cor-de-rosa.

— Boba! Eu sou a preferida, gritava o vermelho.

— Tolos! O mar, o céu, as hortênsias e os miosótis que são azuis, a cor da paz.

— Que absurdo! A mais importante sou eu porque sou a esperança! Sou o verde que a natureza tem em todas as nuanças.

— Quanta ignorância: eu sou a mais poderosa, sou a cor do ouro, do trigal e do milharal.

De repente, a cor modesta que não brigava — o marrom — olhou para o alto e viu que se aproximava do poço a luz forte de uma estrela dourada, irradiando beleza, fortaleza e poder.

— Parem de brigar, irmãs, nossa rainha vem aí.

De fato, a Estrela-Rainha faiscava cada vez mais perto, cada vez mais perto...

Iluminando o poço, a Estrela-Rainha disse com tristeza:

— Vocês não se entendem e, no entanto, são irmãs. Vocês brigam porque

55

são orgulhosas. Vou ser obrigada a me retirar, levando comigo minha luz!

— Não! Não! Por favor!

A Estrela-Rainha desapareceu e tudo ficou escuro.

As cores desapareceram nas trevas... Ninguém via ninguém. Estava tudo escuro.

Agora, as cores não coloriam. Não havia rosa, vermelho, azul, verde e amarelo.

As cores arrependeram-se e compreenderam que não eram assim tão importantes.

— Estou arrependida de meu orgulho, gritavam todas.

— Perdão! Perdão!

A bondosa Estrela-Rainha, vendo que as cores estavam arrependidas, de verdade, voltou com sua majestade e poder.

Aos poucos, as cores surgiram e foram saindo do poço, uma a uma.

— Obrigada por minha cor. Sem sua majestade eu não sou nada!, todas disseram em coro.

Nunca mais brigaram e puseram-se a trabalhar. Toda natureza ficou linda porque o mundo já não era mais preto e branco. As nuvens brancas e o carvão pretinho se alegraram também e gritaram:

— Viva! Vocês voltaram a amar e a servir...

Mensagem: *Se amarmos a Deus e ao próximo, perdoando e servindo, receberemos o Divino Espírito Santo.*

Reflexão: *Pentecostes é a descida do Espírito Santo sobre todos. O Espírito Santo é a força de todo cristão: é Ele que nos anima e nos dá coragem no sofrimento. O Espírito Santo nos ensina a amar!*

QUEM É VOCÊ?

DOMINGO DA SANTÍSSIMA TRINDADE
(Jo 16,12-15)

Naquele tempo, disse Jesus a seus discípulos: ¹²"Tenho ainda muitas coisas a dizer-vos, mas não sois capazes de as compreender agora. ¹³Quando, porém, vier o Espírito da Verdade, ele vos conduzirá à plena verdade. Pois ele não falará por si mesmo, mas dirá tudo o que tiver ouvido; e até as coisas futuras vos anunciará. ¹⁴Ele me glorificará, porque receberá do que é meu e vo-lo anunciará. ¹⁵Tudo o que o Pai possui é meu. Por isso, disse que o que ele receberá, e vos anunciará, é meu".

— Palavra da Salvação.

— **Glória a vós, Senhor!**

Dona Tartaruga de Casco Duro andava de-va-gar-zi-nho: cabeça para cá, cabeça para lá.

De repente, olhou para o rio Amazonas, tão largo que parecia o mar, e viu uma espécie de bandeja verde.

— Quem é você?, perguntou dona Tartaruga de Casco Duro.

— Eu sou a vitória Régia, a maior flor do Brasil.

— Flor? Só vejo uma bandeja verde...

— A bandeja, dona Tartaruga de Casco Duro, é a minha folha arredondada de quase dois metros de diâmetro.

— Diâmetro? Que é isso?

— É a linha que vai de um lado a outro, passando certinho pelo meio.

— Ah! Entendi... Mas onde está a flor?

— Só desabrocha à noite. Espere e verá.

Dona Tartaruga de Casco Duro que já estava muito cansada e com sono, aceitou logo a sugestão. Guardou sua cabeça dentro do casco e tirou uma sonequinha de seis horas. Quando acordou, já era noite. Espichou a cabeça, olhou para o rio Amazonas e viu a Vitória Régia, a maior flor do Brasil. Realmente, uma lindíssima flor cor-de-rosa, desabrochava lentamente, exalando um perfume delicioso.

— Que maravilha! Nunca vi uma flor tão bonita...

Dona Tartaruga de Casco Duro aproximou-se bem da planta. Queria vê-la mais de perto.

— Puxa! Sensacional. Você tem folhas de dois metros e flor cheirosa e bela.

A flor abriu bem suas pétalas e respondeu:

— Não somos duas em uma. Somos três em uma!

— Três? Folha grande e flor perfumada, em minha matemática são duas.

A Vitória Régia, mexendo as pétalas, explicou à dona Tartaruga de Casco Duro:

— Você está vendo duas: a folha e a flor.... Mas para baixo da água cresce o rizoma que é um caule. O rizoma é quem conduz o alimento necessário à folha e à flor.

— Muito bem! Vocês são três em uma: rizoma, folha e flor. Muito prazer em conhecê-la, porque você é linda e amável. Ensinou-me muitas coisas.

E dona Tartaruga de Casco Duro foi andando de-va-gar-zinho, repetindo:

— Três em Uma! Três em Uma! Sensacional!

Reflexão: *Celebramos hoje o mistério da Santíssima Trindade. Damos glória ao Pai, ao Filho e ao Espírito Santo. São três pessoas num só Deus: o Pai que nos criou, o Filho que morreu na Cruz e ressuscitou para nos salvar e o Divino Espírito Santo que nos dá força, luz e nos encaminha para o céu.*

É um mistério! Basta que acreditemos no Pai, no Filho e no Espírito Santo e os amemos. Precisamos amar também nossos irmãos, como a Santíssima Trindade os ama.

DE PAI PARA FILHO

CORPO E SANGUE DE CRISTO
(Lc 9,11b-17)

Naquele tempo, [11b]Jesus acolheu as multidões, falava-lhes sobre o Reino de Deus e curava todos os que precisavam. [12]A tarde vinha chegando. Os doze apóstolos aproximaram-se de Jesus e disseram: "Despede a multidão, para que possa ir aos povoados e campos vizinhos procurar hospedagem e comida, pois estamos num lugar deserto". [13]Mas Jesus disse: "Dá-lhes vós mesmos de comer". Eles responderam: "Só temos cinco pães e dois peixes. A não ser que fôssemos comprar comida para toda essa gente". [14]Estavam ali mais ou menos cinco mil homens. Mas Jesus disse aos discípulos: "Mandai o povo sentar-se em grupos de cinquenta". [15]Os discípulos assim fizeram, e todos se sentaram. [16]Então Jesus tomou os cinco pães e os dois peixes, elevou os olhos para o céu, abençoou-os, partiu-os e os deu aos discípulos para distribuí-los à multidão. [17]Todos comeram e ficaram satisfeitos. E ainda foram recolhidos doze cestos dos pedaços que sobraram.

— Palavra da Salvação!
— **Glória a vós, Senhor!**

Dr. Gastão era um homem às direitas, um excelente dentista, um esposo fiel e amigo e um pai carinhoso e generoso.

Tratava Eduardinho, Sílvio e Elair, os filhos de quatro, seis e oito anos com muita dedicação. Silvinho era um menino doente, fraquinho, com muitos problemas de saúde.

O médico, Dr. José Maria, dissera:

— O problema mais sério que ele tem está localizado nos rins. Ele precisa ser hospitalizado. É urgente que ele faça um transplante. Lá no hospital, há uma lista de doadores. Preciso verificar o tipo de sangue de Silvinho e dos doadores. O doador de sangue pode ser o próprio pai.

Dr. Gastão ficou preocupadíssimo e acompanhou o amigo, Dr. José Maria, ao hospital. Infelizmente não havia doador de rins. Imediatamente, Dr. Gastão ofereceu um de seus rins para que o filho pudesse viver.

— Eu quero doar um de meus rins para meu filho e também doar-lhe meu sangue.

Tudo foi combinado e acertado. A operação delicada seria logo efetivada.

Silvinho e o pai fizeram vários exames no laboratório. Tudo estava pronto.

A operação foi feita com muito êxito. Dr. Gastão deu ao filho doente um de seus rins e toda a quantidade de sangue de que ele precisou.

Em pouco tempo, Silvinho voltou para casa. Aos poucos foi ficando curado.

O corpo de Silvinho não rejeitou o rim do pai e o sangue paterno deu-lhe muita força.

Após alguns dias, Silvinho já andava pela casa, pelo quintal, interessando-se pelos brinquedos. Mais um pouco de tempo, Silvinho já brincava com os vizinhos e colegas.

Atualmente, Silvinho brinca, estuda, passeia e vai à igreja. E a quem ele deve sua nova vida?

Ao pai extremoso que lhe deu parte de seu corpo e parte de seu sangue.

Reflexão: *Deus é nosso querido Pai do céu, que nos deu a vida para que fôssemos felizes. Deus nos deu seu Filho Jesus para se sacrificar por nós e nos libertar. Jesus morreu crucificado e ressurgiu dos mortos.*

Em todas as missas, por um milagre de amor, Jesus se dá inteiro a todos nós. Ele nos dá seu corpo e sangue para nos alimentar e salvar.

ONDE JESUS MORA?

2º DOMINGO DO TEMPO COMUM
(Jo 2,1-11)

Naquele tempo, [1]houve um casamento em Caná da Galileia. A mãe de Jesus estava presente.

[2]Também Jesus e seus discípulos tinham sido convidados para o casamento.

[3]Como o vinho veio a faltar, a mãe de Jesus lhe disse: "Eles não têm mais vinho".

[4]Jesus respondeu-lhe: "Mulher, por que dizes isto a mim? Minha hora ainda não chegou".

[5]Sua mãe disse aos que estavam servindo: "Fazei o que ele vos disser".

[6]Estavam seis talhas de pedra colocadas aí para a purificação que os judeus costumam fazer. Em cada uma delas cabiam mais ou menos cem litros.

[7]Jesus disse aos que estavam servindo: "Enchei as talhas de água". Encheram-nas até a boca. [8]Jesus disse: "Agora tirai e levai ao mestre-sala". E eles levaram.

[9]O mestre-sala experimentou a água que se tinha transformado em vinho. Ele não sabia de onde vinha, mas os que estavam servindo sabiam, pois eram eles que tinham tirado a água.

[10]O mestre-sala chamou então o noivo e lhe disse: "Todo mundo serve primeiro o vinho melhor e, quando os convidados já estão embriagados, serve o vinho menos bom. Mas tu guardaste o vinho bom até agora!"

[11]Este foi o início dos sinais de Jesus. Ele o realizou em Caná da Galileia e manifestou a sua glória, e seus discípulos creram nele.

— Palavra da Salvação.

— Glória a vós, Senhor!

Presidente:
André e João quiseram saber onde Jesus morava.
Vocês querem também saber?
Assembleia:
SIM! SIM!

Lado A:
No vento que sopra
(ruído de vento)

Lado B:
Na chuva que cai *(ruído da chuva)*

Lado A:
No sol que manda luz e calor *(piscar da luz)*

Lado B:
Nas estrelas que cintilam *(piscar das estrelas)*

Presidente:
Jesus mora aí!

Lado A:
Nas flores que desabrocham e perfumam *(gesto de desabrochar)*

Lado B: Nas árvores que embalam suas folhas *(agitar de folhas)*
Lado A: Na relva verde que cobre o chão *(abaixar abrindo as mãos)*
Lado B: Nas montanhas que alcançam o céu *(levantar as mãos)*
Presidente: Jesus mora aí!
Lado A: Nas abelhinhas que zumbem *(zumbindo)*
Lado B: Nas borboletas que voam *(mexer os braços)*
Lado A: Nos vaga-lumes que piscam *(mexer os braços)*
Lado B: Nos passarinhos que cantam *(trinado)*
PR: Jesus mora aí!
Lado A: Nas criancinhas que brincam
Lado B: Nos adultos que trabalham
Lado A: Nos jovens que estudam
Lado B: Nos velhinhos com saudade
Presidente: Jesus mora aí!
Lado A: Nos brancos, pretos e amarelos
Lado B: Nos ricos e nos pobres
Lado A: Nos mendigos com fome
Lado B: Em nosso coração
Presidente: Jesus mora aí!

Reflexão: *Jesus quer ser amado e seguido por todos. Não é difícil encontrá-lo, porque Ele mora em todos os lugares, especialmente em nosso coração. É importante prestarmos atenção no que Ele nos pede...*

A BOA NOTÍCIA

3º DOMINGO DO TEMPO COMUM
(Lc 1,1-4; 4,14-21)

[1]Muitas pessoas já tentaram escrever a história dos acontecimentos que se realizaram entre nós, [2]como nos foram transmitidos por aqueles que, desde o princípio, foram testemunhas oculares e ministros da palavra.

[3]Assim sendo, após fazer um estudo cuidadoso de tudo o que aconteceu desde o princípio, também eu decidi escrever de modo ordenado para ti, excelentíssimo Teófilo. [4]Deste modo, poderás verificar a solidez dos ensinamentos que recebeste.

Naquele tempo, [4,14]Jesus voltou para a Galileia, com a força do Espírito, e sua fama espalhou-se por toda a redondeza.

[15]Ele ensinava nas suas sinagogas e todos o elogiavam.

[16]E veio à cidade de Nazaré, onde se tinha criado. Conforme seu costume, entrou na sinagoga, no sábado, e levantou-se para fazer a leitura.

[17]Deram-lhe o livro do profeta Isaías. Abrindo o livro, Jesus achou a passagem em que está escrito: [18]"O Espírito do Senhor está sobre mim, porque ele me consagrou com a unção para anunciar a Boa-nova aos pobres; enviou-me para proclamar a libertação dos cativos e aos cegos a recuperação da vista; para libertar os oprimidos [19]e para proclamar um ano da graça do Senhor".

[20]Depois fechou o livro, entregou-o ao ajudante e sentou-se. Todos os que estavam na sinagoga tinham os olhos fitos nele.

[21]Então começou a dizer-lhes: "Hoje se cumpriu esta passagem da Escritura que acabastes de ouvir". — Palavra da Salvação.

— Glória a vós, Senhor!

Floresta Amazônica: árvores, flores e bichos de todos os tipos. Certo dia, o bem-te-vi anunciou a vinda do Rei dos Pássaros.

Todos se animaram. As árvores foram as primeiras a se enfeitar, cobrindo-se das flores de todas as cores.

Os macaquinhos levados pararam de brigar e correram a levar a boa notícia aos peixes e aos jacarés.

As onças correram para chamar os filhotes que estavam dormindo nas grutas.

— Venham! Ele vai chegar...

— Quem?

— O Rei da Floresta!

E lá foram onças e oncinhas, animadas com a

boa-nova. Atrás das onças vieram também as tartarugas que esqueceram a moleza, subiram numa casca do jequitibá e pediram às onças que as empurrassem.

As cobras, deslizando pelo chão, seguiram as onças.

Ninguém maltratava ninguém: estavam todos muito ocupados para alcançarem o Rei, antes que ele se fosse.

As corujas piavam e de olhos bem abertos esqueceram que já era dia e que não estavam com sono. O bem-te-vi continuava a anunciar a boa-nova.

Bem-te-vi! Ele vem aí! Ele vem aí! Ele vem aí!

De repente, ouviu-se um canto lindíssimo que ecoava pela floresta em todas as direções.

— Tri-tri-tri-tri-tri! Era a voz divina que todos queriam ouvir:

— Tri-tri-tri-tri-tri.

Os peixinhos no rio levantaram mais a cabecinha e dançaram um balé de amor.

Os jacarés se arrastaram e, em roda, davam passinhos, dois para lá, dois para cá, dois para lá, dois para cá!

As cobras se uniram fazendo ziguezagues no chão.

O Rei da Floresta cantou belíssimos cantos de amor, paz, união e alegria. E foi então que o passarinho, de asa quebrada, voou feliz. A corujinha cega passou a ver. O jacaré ferido por uma bala de um homem mau sentiu que a ferida desaparecera. A onça esqueceu que era má e a tartaruga que tinha o casco quebrado percebeu que seus pedaços tinham se colado.

Sim, o Rei da Floresta tinha cantado e seu canto fez maravilhas.

A notícia correu mundo e a multidão quis ouvir o Rei que espalhava amor...

Quem quiser ouvi-lo, procure-o na Amazônia e será feliz para sempre.

O Rei se esconde entre as folhas das árvores.

— Seu nome?

— Uirapuru!

Reflexão: *Jesus veio ao mundo para nos salvar, nos libertar de nossos pecados e prolongar nossa vida. A Boa-Nova de Jesus, lá em Nazaré, afirma-nos que Ele deseja prolongar nossa vida até chegar a hora de irmos para o Reino de Deus. Devemos todos, como missionários, ensinar a todos que Jesus é nosso Salvador, que só nele podemos achar a solução para nossos problemas que nos entristecem.*

Repitam comigo: *Jesus veio para nos indicar o caminho da paz!*

ASTREIA

4º DOMINGO DO TEMPO COMUM
(Lc 4,21-30)

Naquele tempo, estando Jesus na sinagoga, começou a dizer: [21]"Hoje se cumpriu esta passagem da Escritura que acabastes de ouvir".

[22]Todos davam testemunho a seu respeito, admirados com as palavras cheias de encanto que saíam da sua boca. E diziam: "Não é este o filho de José?"

[23]Jesus, porém, disse: "Sem dúvida, vós me repetireis o provérbio; Médico, cura-te a ti mesmo. Faze também aqui, em tua terra, tudo o que ouvimos dizer que fizeste em Cafarnaum".

[24]E acrescentou: "Em verdade eu vos digo que nenhum profeta é bem recebido em sua pátria.

[25]De fato, eu vos digo: no tempo do profeta Elias, quando não choveu durante três anos e seis meses e houve grande fome em toda a região, havia muitas viúvas em Israel. [26]No entanto, a nenhuma delas foi enviado Elias, senão a uma viúva que vivia em Sarepta, na Sidônia.

[27]E no tempo do profeta Eliseu, havia muitos leprosos em Israel. Contudo, nenhum deles foi curado, mas sim Naamã, o sírio".

[28]Quando ouviram estas palavras de Jesus, todos na sinagoga ficaram furiosos. [29]Levantaram-se e o expulsaram da cidade. Levaram-no até ao alto do monte sobre o qual a cidade estava construída, com a intenção de lançá-lo no precipício.

[30]Jesus, porém, passando pelo meio deles, continuou seu caminho.

— Palavra da Salvação.
— **Glória a vós, Senhor!**

(Vida real)

A turma da 3ª série de dona Astolfina era muito indisciplinada: gostava de gritar e só queria falar de novelas, de televisão, revistas em quadrinhos e tratar de futebol.

Estudar? Prestar atenção às aulas? Fazer os deveres? Qual o quê.

Nessa turma desordeira sobressaía Astreia que agia de modo totalmente diverso dos colegas: inquieta, não faltava às aulas, estudava e fazia todos os deveres.

Dona Astolfina, querendo resolver o problema de sua turminha, passou a elogiar Astreia. O resultado foi desastroso: os colegas passaram a olhar a menina com a maior antipatia:

— Astreia é boba!

— Astreia é puxa-saco!

— Astreia é antipática!

— Astreia quer se mostrar!

Desde esse dia, nenhum colega se acercava da menina para conversar ou brincar.

Astreia ficava sempre num cantinho do pátio, merendando bem devagar para encher o tempo.

Um dia, Cida, uma aluna do segundo ano, correndo, perdeu o equilíbrio e caiu no chão.

Astreia foi ao seu encontro ajudando-a a se levantar. Lavou-lhe os joelhos feridos, passou mertiolate e colocou band-aid.

Astreia e Cida tornaram-se amigas no mesmo instante, e, no fim de algum tempo, toda a turminha da 2ª série rodeava Astreia para ouvi-la falar e aprender com ela brincadeiras e jogos novos. Além disso, Astreia ajudava as amiguinhas, tirando dúvidas em suas dificuldades: fazia concurso de tabuada e jogos de conhecimentos gerais.

Os novos amiguinhos ficaram encantados com os desenhos que Astreia fazia: lindos cachorrinhos, gatos, patos, carneiros, corações entrelaçados, barquinho velejando e paisagens cheias de lindas árvores.

— Astreia, você é formidável!

— Astreia, você é um gênio!

— Astreia, você é nossa maior amiga!

Foi então que Astreia sorrindo falou-lhes de bondade, de humildade, de paciência e de amor; Amor de Deus, amor entre as pessoas.

A patotinha da 2ª série, unida, abraçou e beijou a amiga maravilhosa que Deus havia colocado em seu caminho.

Astreia, que não fora aceita pelos colegas da 3ª série, viu-se aplaudida pelos da 2ª série.

Astreia, diante de tantos gestos de carinho, disse pesarosa:

— Gostaria que meus coleguinhas de turma fossem meus amigos também...

Reflexão: *Mais importante que a riqueza é o amor. De nada vale a ciência, se nosso coração não estiver cheio de amor. Se não repartimos o que temos, com amor, nada importa.*

— O amor está acima de tudo, disse Jesus.

Nós acreditamos em Jesus! *(as crianças repetem).*

Ele também falou que ninguém é reconhecido entre as pessoas que o cercam. Astreia não foi aceita em sua turma por ser melhor que todos.

Nenhum profeta é bem recebido em sua pátria *(as crianças repetem).*

MESTRE CORUJA

5º DOMINGO DO TEMPO COMUM
(Lc 5,1-11)

Naquele tempo, ¹Jesus estava na margem do lago de Genesaré, e a multidão apertava-se ao seu redor para ouvir a palavra de Deus.
²Jesus viu duas barcas paradas na margem do lago. Os pescadores haviam desembarcado e lavavam as redes
³Subindo numa das barcas, que era de Simão, pediu que se afastasse um pouco da margem. Depois sentou-se e, da barca, ensinava as multidões.
⁴Quando acabou de falar, disse a Simão: "Avança para águas mais profundas, e lançai vossas redes para a pesca".
⁵Simão respondeu: "Mestre, nós trabalhamos a noite inteira e nada pescamos. Mas, em atenção à tua palavra, vou lançar as redes".
⁶Assim fizeram, e apanharam tamanha quantidade de peixes que as redes se rompiam. ⁷Então fizeram sinal aos companheiros da outra barca, para que viessem ajudá-los. Eles vieram, e encheram as duas barcas, a ponto de quase afundarem.
⁸Ao ver aquilo, Simão Pedro atirou-se aos pés de Jesus, dizendo: "Senhor, afasta-te de mim, porque sou um pecador!"
⁹É que o espanto se apoderara de Simão e de todos os seus companheiros, por causa da pesca que acabavam de fazer.
¹⁰Tiago e João, filhos de Zebedeu, que eram sócios de Simão, também ficaram espantados. Jesus, porém, disse a Simão: "Não tenhas medo! De hoje em diante tu serás pescador de homens".
¹¹Então levaram as barcas para a margem, deixaram tudo e seguiram a Jesus.
— Palavra da Salvação.
— Glória a vós, Senhor!

O Castor Lilico, não se sabe como, apareceu no deserto. Só se viam pedras por todos os lados e areia, muita areia. O único verde daquele deserto era um cactus muito alto que parecia dizer:
— Eu estou aqui para dizer a todos que Deus está aqui.
Lilico corria de um lado para outro sem saber o que fazer... As perninhas estavam tão fracas que ele deixou de correr e passou a andar com dificuldade.
— Vou morrer de sede e de fome. Quem pode me ajudar?

68

— Eu posso!

— Quem está falando?

— Sou eu! Mestre Coruja!

— Você sabe onde têm água e frutas?

— Sim! Eu sei! Não fique desanimado. Você é um bom castor que ajuda muita gente, construindo diques que não deixam a água transbordar, invadindo terras e plantações. Você merece um lugar especial, com plantas e água em abundância, para viver em paz!

— Mestre Coruja, leve-me logo para esse maravilhoso lugar, onde encontrarei o que necessito.

Mestre Coruja, com muita alegria, ensinou ao Castor onde ficava o lugar maravilhoso onde ele seria feliz. Para isto, foi andando, andando até chegar a um enorme juazeiro, de folhas verdinhas e frescas. Ao lado do juazeiro, um monte de pedras.

— Vem, Castor, ajuda-me a retirar as pedras. Lá embaixo encontraremos o lugar maravilhoso que poucos conhecem porque não o merecem.

Mestre Coruja e Lilico com dificuldade, mas com muita fé, conseguiram afastar as pedras, uma após a outra e foram descendo, descendo, até chegarem aonde Mestre Coruja queria. Que maravilha!

Um rio de águas claras e límpidas corria entre as pedras com milhares de peixinhos de todos os tamanhos, cores e espécies.

Lilico matou sua sede dizendo:

— Que delícia!

Depois foi em direção às árvores e pediu-lhe que lhe dessem algumas frutas.

O Castor Lilico estava feliz...

Aquele lugar era maravilhoso!

E lá ficou com outros bichinhos que não faziam mal a ninguém.

Reflexão: *Mestre Coruja foi um mensageiro de Jesus, mostrando ao Castor Lilico o lugar maravilhoso onde somos felizes... Nós também devemos seguir os apóstolos de Jesus que nos mostram o caminho do céu.*

ENEIDA, A BEM-AVENTURADA

6º DOMINGO
DO TEMPO COMUM
(Lc 6,17.20-26)

Naquele tempo, [17]Jesus desceu da montanha com os discípulos e parou num lugar plano. Ali estavam muitos de seus discípulos e grande multidão de gente de toda a Judeia e de Jerusalém, do litoral de Tiro e Sidônia. [20]E, levantando os olhos para os seus discípulos, disse: "Bem-aventurados vós, os pobres, porque vosso é o Reino de Deus! [21]Bem-aventurados vós, que agora tendes fome, porque sereis saciados! Bem-aventurados vós, que agora chorais, porque havereis de rir! [22]Bem-aventurados sereis, quando os homens vos odiarem, vos expulsarem, vos insultarem e amaldiçoarem o vosso nome, por causa do Filho do Homem! [23]Alegrai-vos, neste dia, e exultai, pois será grande a vossa recompensa no céu; porque era assim que os antepassados deles tratavam os profetas. [24]Mas ai de vós, ricos, porque já tendes vossa consolação! [25]Ai de vós, que agora tendes fartura, porque passareis fome! Ai de vós, que agora rides, porque tereis luto e lágrimas! [26]Ai de vós, quando todos vos elogiam! Era assim que os antepassados deles tratavam os falsos profetas".
— Palavra da Salvação.
— Glória a vós, Senhor!

A professorinha de dezessete anos apresentou-se à turma a quem ia lecionar, na grande escola de Bangu, no Rio de Janeiro.

A turma era de quarta série, mas havia crianças de nove, dez anos e também de dezesseis e dezessete anos.

Uma turma difícil!

Lolita, a professorinha, conquistou os jovens com aulas bem participadas e percebeu logo que, entre os alunos pobres, havia uma menina mais pobre que todos.

Não tinha sapatos e sim chinelinhos de dedo. A saia azul-marinho era desbotada porque só possuía aquela desde o primeiro ano. A blusa limpinha estava prestes a se rasgar. Livros e cadernos tinham sido dados pela Caixa Escolar.

Embora fosse tão pobre, Eneida era caprichosa com tudo que possuía. Seus cadernos e livros encapados com capas de revistas, bem tratados, sem folhas amassadas e sem rabiscos e pontinhas viradas e sujas.

Lolita, a professora, acompanhava sempre seus alunos nos recreios. E o que viu logo no primeiro dia? Eneida chorando porque os colegas resolveram humilhá-la.

— Ela é boba!

— Eneida não tem sapatos...

— Ela encapa os livros com capa de revista.

— Ela só tem uma saia e duas blusas.

— A casa dela não tem chão de cimento.

— O chão é de terra.

— Eneida não tem luz elétrica. Só usa velas, que horror!

As lágrimas rolavam pelo rostinho da menina. Lolita, a professorinha, foi ao seu encontro e abraçou-a, sem dizer uma palavra.

Nesse mesmo dia, a professorinha acompanhou Eneida até sua casa. Viu o chão de terra e as velas que a família usava à noite. O pai da menina estava desempregado e a mãe, doente... Foi Lolita, desta vez, quem chorou. Que faria? O problema dos sapatos e do uniforme foi logo resolvido pela Caixa Escolar.

No fim de um mês, a turma fez a primeira prova. Quem tirou o primeiro lugar? Foi Eneida, a mais estudiosa. E continuou assim durante o ano todo. Suas notas eram sempre 10.

Lolita, nas férias, levou-a para sua casa e preparou-a para o concurso à Escola Normal.

Eneida tirou notas altas e foi classificada. No fim de sete anos, já era professora! No ano passado, crianças, houve uma pesquisa para saber qual a melhor professora do Rio. Quem foi apontada?

— Eneida!

Reflexão: *Realmente, Eneida foi abençoada e é muito feliz! Por quê? Porque foi injustiçada, porque chorou, porque foi humilhada mas mesmo assim continuou a estudar muito e a ajudar seus colegas de outras turmas a resolverem seus problemas.*

Eneida, muito pobre, é exemplo do que Jesus diz: os ricos, os que são felizes quando muito elogiados, dificilmente entrarão no céu.

SÓ QUEM AMA PERDOA

7º DOMINGO DO TEMPO COMUM
(Lc 6,27-38)

Naquele tempo, disse Jesus a seus discípulos: [27]"A vós, que me escutais, eu digo: Amai os vossos inimigos e fazei o bem aos que vos odeiam, [28]bendizei os que vos amaldiçoam, e rezai por aqueles que vos caluniam.

[29]Se alguém te der uma bofetada numa face, oferece também a outra. Se alguém te tomar o manto, deixa-o levar também a túnica.

[30]Dá a quem te pedir e, se alguém tirar o que é teu, não peças que o devolva.

[31]O que vós desejais que os outros vos façam, fazei-o também vós a eles.

[32]Se amais somente aqueles que vos amam, que recompensa tereis? Até os pecadores amam aqueles que os amam.

[33]E se fazeis o bem somente aos que vos fazem o bem, que recompensa tereis? Até os pecadores fazem assim.

[34]E se emprestais somente àqueles de quem esperais receber, que recompensa tereis. Até os pecadores emprestam aos pecadores, para receber de volta a mesma quantia.

[35]Ao contrário, amai os vossos inimigos, fazei o bem e emprestai sem esperar coisa alguma em troca. Então, a vossa recompensa será grande, e sereis filhos do Altíssimo, porque Deus é bondoso também para com os ingratos e os maus.

[36]Sede misericordiosos, como também o vosso Pai é misericordioso.

[37]Não julgueis e não sereis julgados; não condeneis e não sereis condenados; perdoai e sereis perdoados.

[38]Dai e vos será dado. Uma boa medida, calcada, sacudida, transbordante será colocada no vosso colo; porque, com a mesma medida com que medirdes os outros, vós também sereis medidos".

— Palavra da Salvação.
— **Glória a vós, Senhor!**

Senhor Henrique e dona Amélia tiveram quatro filhos e uma filha. Criaram quatro filhos e uma filha. Criaram esses filhos com muito amor e muito carinho.

O senhor Henrique tinha uma pequena mercearia e algumas casas que alugava. A renda da família era razoável, não tinha uma vida luxuosa, mas o necessário para viverem com dignidade. O tempo passou, os filhos cresceram. Três rapazes se casaram e a moça também. Os netos chegaram e com eles a velhice do senhor Henrique e de dona Amélia. Depois de adultos os filhos começaram a dar trabalho ao casal. Brigas com as esposas, abandono do lar, dívidas nas lojas. A filha por sua vez sempre ajudando os pais, todos os dias visitava-os, sempre os buscava para almoçar fora, ou para pequenas viagens.

A filha os recompensava por todos os aborrecimentos que os filhos lhes davam.

O tempo continuou a passar e um dos filhos tomou do pai tudo o que ele tinha, dinheiro da venda de uma casa, telefone, outro filho fazia contas e mandava cobrar na casa do pai, gastava muito com telefonemas na casa do pai e não pagava. Largavam as esposas e voltavam para casa e não ajudavam os pais nas despesas. A filha dizia:

— Pai, você não pode deixar que eles façam assim. Eles tiram o pouco que vocês têm e não ajudam em nada.

— Minha filha, eu não consigo deixar de perdoá-los, eu os amo tanto quanto a você que não dá trabalho e me ajuda.

— Pai, mas eles só os prejudicam e vocês precisam de paz em sua velhice.

— Filha, os filhos sempre serão meus filhos e o amor que tive por eles ao nascerem é o mesmo até hoje e não consigo deixar de perdoar.

A filha é a única que dá atenção, carinho e ajuda ao casal de velhinhos; nas horas de doença só ela está presente ajudando-os e ela não compreende por que seus pais não expulsam de suas vidas os filhos que só dão aborrecimentos e lhes causam doenças.

Reflexão: *Mas nós hoje ouvimos o Evangelho de Jesus e compreendemos muito bem o que é amar de verdade. Amar não só aqueles que nos amam e nos tratam bem mas amar também aqueles que nos causam mal.*

NINGUÉM DÁ O QUE NÃO TEM

**8º DOMINGO
DO TEMPO COMUM
(Lc 6,39-45)**

Naquele tempo, ³⁹Jesus contou uma parábola aos discípulos: "Pode um cego guiar outro cego? Não cairão os dois num buraco?

⁴⁰Um discípulo não é maior do que o mestre; todo discípulo bem formado será como o mestre.

⁴¹Por que vês o cisco no olho do teu irmão, e não percebes a trave que há no teu próprio olho? ⁴²Como podes dizer a teu irmão: irmão, deixa-me tirar o cisco do teu olho, quando tu não vês a trave no teu próprio olho? Hipócrita! Tira primeiro a trave do teu olho, e então poderás enxergar bem para tirar o cisco do olho do teu irmão.

⁴³Não existe árvore boa que dê frutos ruins, nem árvore ruim que dê frutos bons. ⁴⁴Toda árvore é reconhecida pelos seus frutos. Não se colhem figos de espinheiros, nem uvas de plantas espinhosas.

⁴⁵O homem bom tira coisas boas do bom tesouro do seu coração. Mas o homem mau tira coisas más do seu mau tesouro, pois sua boca fala do que o coração está cheio".

— Palavra da Salvação!

— **Glória a vós, Senhor!**

JOGRAL

(Seis crianças de cada lado recitam alternadamente os textos. Há momentos em que somente uma criança recita e há outros em que todas elas recitam juntas.)

Grupo 1: Manga não dá na tamarindeira.
Grupo 2: Nem goiaba na jaboticabeira.
Grupo 1: Não se colhem figos nos espinheiros.
Grupo 2: Não se apanham uvas no bambuzal.
Grupo 1: Laranja é laranja, não é abacaxi.
Grupo 2: Banana é banana, não é caqui.

T.: O importante é ser bom. Ser aquilo que Deus quer.

Grupo 1: Quem segue Jesus mostra que é bom, como ele.
Grupo 2: Quem é de Jesus faz o bem, não pratica a maldade.
Leitor 1: — Tem gente que vive reparando nos defeitos dos outros.
Grupo 2: Quem só repara nos defeitos dos outros...
Grupo 1: ... não enxerga nem corrige seus próprios erros.

T.: Laranja é laranja, não é abacaxi. Banana é banana, não é caqui.

Grupo 1: De um coração bom saem coisas boas.
Grupo 2: De um coração mau saem coisas más.
Leitor 2: — Ninguém dá o que não tem.

T.: Ninguém dá o que não tem.

Leitor 1: — Por isso a boca fala daquilo que tem no coração.
Grupo 1: Quem tem bondade fala do bem, faz o bem.
Grupo 2: Quem tem maldade só fala mal, só espalha veneno.

T.: Por qual caminho queremos seguir?

Leitor 2: — Quem pode nos mostrar a estrada?
Grupo 1: Cuidado! Cuidado!
Grupo 2: Cuidado! Cuidado!
Grupo 1: Quando um cego guia outro cego,
Grupo 2: Os dois acabam caindo no buraco.
Grupo 1: O aluno não é mais que o professor.
Grupo 2: O bom aluno será como seu Mestre.

T.: Queremos ser nós mesmos. Queremos ser amigos de Jesus!

Reflexão: *Às vezes pensamos que somos melhores que os outros. Os outros têm defeitos, mas nós também temos. Jesus nos mostra que, se temos bondade no coração, somos seus discípulos e produzimos bons frutos. Somente com humildade, bondade e amor, poderemos ajudar a corrigir o que está errado.*

QUEM TEM FÉ PODE CONFIAR

9º DOMINGO DO TEMPO COMUM
(Lc 7,1-10)

Naquele tempo, ¹quando acabou de falar ao povo que o escutava, Jesus entrou em Cafarnaum.

²Havia lá um oficial romano, que tinha um empregado a quem estimava muito e que estava doente, à beira da morte.

³O oficial ouviu falar de Jesus e enviou alguns anciãos dos judeus, para pedirem que Jesus viesse salvar seu empregado.

⁴Chegando onde Jesus estava, pediram-lhe com insistência: "O oficial merece que lhe faças esse favor, ⁵porque ele estima o nosso povo. Ele até nos construiu uma sinagoga".

⁶Então Jesus pôs-se a caminho com eles. Porém, quando já estava perto da casa, o oficial mandou alguns amigos dizerem a Jesus: "Senhor, não te incomodes, pois não sou digno de que entres em minha casa. ⁷Nem mesmo me achei digno de ir pessoalmente ao teu encontro. Mas ordena com a tua palavra, e o meu empregado ficará curado. ⁸Eu também estou debaixo de autoridade, mas tenho soldados que obedecem às minhas ordens. Se ordeno a um: 'Vai!', ele vai; e a outro: 'Vem!', ele vem; e ao meu empregado: 'Faze isto!', ele o faz'".

⁹Ouvindo isto, Jesus ficou admirado. Virou-se para a multidão que o seguia, e disse: "Eu vos declaro que nem mesmo em Israel encontrei tamanha fé".

¹⁰Os mensageiros voltaram para a casa do oficial e encontraram o empregado em perfeita saúde.

— Palavra da Salvação!
— **Glória a vós, Senhor!**

(**Sugestões:** confeccionar dois cartazes, um de Madre Teresa, levado por uma menina, e outro de São Geraldo, levado por um menino. O texto a seguir poderia ser lido por duas ou mais crianças, alternando os períodos.)

Dizem que a maior riqueza que uma pessoa pode ter é o amor. O amor é tudo. Sentir-se amado faz a imensa alegria do ser humano. Amar liberta o coração do mal e da morte.

Quem já ouviu falar de Madre Teresa de Calcutá? Ela viveu sua vida sabendo e acreditando que em todos os momentos somos sustentados por alguém que nos ama muito. Quem é essa pessoa? Deus! Recebendo a todo instante o amor que vem de Deus, Madre Teresa procurava responder amando também a Deus acima de tudo.

Mas como Madre Teresa respondia ao amor de Deus? Fazendo de tudo para amar a todos. Amava principalmente os que mais precisavam de sua ajuda e de sua atenção: os pobres, os doentes, os famintos, os idosos, as crianças.

Para Madre Teresa, o amor é uma entrega. Segundo ela mesma disse, **"para quem ama a entrega é mais que um dever, é uma felicidade."**

Paremos um pouco para pensar nisso. Nós acreditamos mesmo que Deus nos ama? Jesus nos ordenou que nos amássemos uns aos outros, pois nisso está nossa felicidade.

Mas para amar é preciso acreditar, é preciso ter fé e humildade.

Contam que São Geraldo Majela tinha uma vontade decidida de ser santo. Por isso ele entrou para o convento, pois acreditava que assim teria mais condições de dedicar sua vida inteiramente a Deus. Obedecer a Deus era o que ele mais queria.

Por obediência ele ficou encarregado de cuidar da cozinha do convento. Uma vez, já estava quase na hora do almoço, e verificaram que Geraldo não estava na cozinha; viram que sobre o fogão não havia panela alguma,  nada estava sendo preparado para a refeição. As mesas do refeitório ainda nem estavam arrumadas. Procura daqui, procura dali, acharam Geraldo na capela, rezando.

Alertado sobre a questão do almoço, o santo não se perturbou. Tinha tanta fé e confiança em Deus que, em menos de vinte minutos a comida ficou pronta, o refeitório foi arrumado e a vida do convento seguiu sua normalidade, tudo dentro do horário estabelecido.

São Geraldo, grande amigo de Deus! Por amar muito Jesus ficava horas e horas diante do sacrário, conversando com ele, e até se esquecia de suas obrigações. Mas no fim Jesus sempre dava um jeitinho.

Quem tem fé e humildade confia no poder de Deus e no amor salvador de Jesus.

Reflexão: *A fé nos faz confiar em Jesus e em seu poder. Quando confiamos em Deus temos a certeza de que ele realizará através de nós tudo o que deseja.*

JESUS VEM EM NOSSO SOCORRO E NOS DÁ VIDA NOVA

10º DOMINGO DO TEMPO COMUM

(Lc 7,11-17)

Naquele tempo, Jesus dirigiu-se a uma cidade da Samaria chamada Naim. Com ele iam seus discípulos e uma grande multidão. Quando chegou à porta da cidade, eis que levavam um defunto, filho único; e sua mãe era viúva. Grande multidão da cidade a acompanhava. Ao vê-la, o Senhor sentiu compaixão para com ela e lhe disse: "Não chores!" Aproximou-se, tocou o caixão, e os que o carregavam pararam. Então, Jesus disse: "Jovem, eu te ordeno, levanta-te!" O que estava morto sentou-se e começou a falar. E Jesus o entregou à sua mãe. Todos ficaram com muito medo e glorificavam a Deus, dizendo: "Um grande profeta apareceu entre nós e Deus veio visitar o seu povo". E a notícia do fato espalhou-se pela Judeia inteira, e por toda a redondeza.

— Palavra da Salvação!

— Glória a vós, Senhor!

(**Sugestão**: *a história narrada a seguir poderá ser contada ou até mesmo encenada, com as devidas adaptações.*)

Uma mulher, boa cozinheira, lia com frequência o Evangelho de Jesus. Um dia ela ficou pensando: "Ah! Bem que Jesus poderia um dia vir visitar-me! Eu prepararia um belo almoço, reuniria minha família e esse dia seria para todos inesquecível."

Passou um tempo e aquela senhora, um dia, ao abrir a porta, viu que havia no chão um bilhetinho. Abriu-o e leu: "Hoje virei jantar em sua casa". Assinado: "Jesus".

— Será possível? Que maravilha! Jesus vai realizar meu desejo!

Mais que depressa convidou seus familiares para um jantar-surpresa em sua casa. Correu contra o tempo para deixar tudo bem limpo e acolhedor. Preocupou-se com todos os detalhes, pois o grande hóspede merecia tudo do bom e do melhor.

À tarde, no meio dessa correria, alguém tocou a campainha. Era uma senhora, com uma criança no colo, pedindo ajuda para comprar remédio.

— Não posso atendê-la agora – disse a cozinheira –, pois estou esperando uma visita muito importante. Volte outro dia.

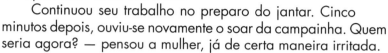

Continuou seu trabalho no preparo do jantar. Cinco minutos depois, ouviu-se novamente o soar da campainha. Quem seria agora? — pensou a mulher, já de certa maneira irritada.

Uma criança maltrapilha e tímida estendeu a mão pedindo:
— Eu e meus irmãos estamos com fome. A senhora teria alguma coisa para nos ajudar?

A dona da casa novamente explicou que estava muito ocupada, pois iria receber uma pessoa muito importante e não podia atendê-la naquele dia.

Estava ainda nervosa pela amolação, eis que de novo alguém toca a campainha. Desta vez a mulher pensou: "Deve ser ele!" E saiu rapidamente para atendê-lo.

— Desculpe, senhora – explicou-lhe um senhor aflito – estou com minha mulher doente e precisaria que alguém a levasse para o Hospital. A senhora não tem como ajudar-me?

— Agora não posso, senhor! Estou esperando uma visita muito importante e não posso sair de casa. Bata na casa do vizinho, ele tem carro.

Já de noite, a família reunida, tudo pronto... mas nada de chegar a visita tão ilustre. O tempo foi passando e ninguém mais tocou a campainha. A mulher, quase desanimada, abriu a porta para ver se vinha vindo alguém. Viu então um bilhete no chão. Abriu-o e leu: "Já estive aqui hoje três vezes e em nenhuma vez fui recebido". Assinado: "Jesus".

Reflexão: Muitas vezes Jesus vem até nós na pessoa do necessitado. Quem acolhe Jesus entra numa vida nova. Não podemos nos esquecer que tudo o que fizermos aos nossos semelhantes, principalmente aos mais pobres e desamparados, será a Jesus que o faremos. Atenção, pois, para com suas visitas inesperadas.

ORAÇÃO

11º DOMINGO DO TEMPO COMUM
(Lc 7,36-50)

Naquele tempo, [36]um fariseu convidou Jesus para uma refeição em sua casa. Jesus entrou na casa do fariseu e pôs-se à mesa.

[37]Certa mulher, conhecida na cidade como pecadora, soube que Jesus estava à mesa, na casa do fariseu. Ela trouxe um vaso de alabastro com perfume, [38]e, ficando por detrás, chorava aos pés de Jesus; com as lágrimas começou a banhar-lhe os pés, enxugava-os com os cabelos, cobria-os de beijos e os ungia com perfume.

[39]Vendo isso, o fariseu que o havia convidado ficou pensando: "Se este homem fosse um profeta, saberia que tipo de mulher está tocando nele, pois é uma pecadora".

[40]Jesus disse então ao fariseu: "Simão, tenho uma coisa para te dizer". Simão respondeu: "Fala, Mestre!"

[41]"Certo credor tinha dois devedores; um lhe devia quinhentas moedas de prata, o outro, cinquenta. [42]Como não tivessem com que pagar, o homem perdoou os dois. Qual deles o amará mais?"

[43]Simão respondeu: "Acho que é aquele ao qual perdoou mais". Jesus lhe disse: "Tu julgaste corretamente".

[44]Então Jesus virou-se para a mulher e disse a Simão: "Estás vendo esta mulher? Quando entrei em tua casa, tu não me ofereceste água para lavar os pés; ela, porém, banhou meus pés com lágrimas e enxugou-os com os cabelos. [45]Tu não me deste o beijo de saudação; ela, porém, desde que entrei, não parou de beijar meus pés. [46]Tu não derramaste óleo na minha cabeça; ela, porém, ungiu meus pés com perfume.

[47]Por esta razão, eu te declaro: os muitos pecados que ela cometeu estão perdoados porque ela mostrou muito amor. Aquele a quem se perdoa pouco mostra pouco amor".

[48]E Jesus disse à mulher: "Teus pecados estão perdoados"

[49]Então, os convidados começaram a pensar: "Quem é este que até perdoa pecados?"

[50]Mas Jesus disse à mulher: "Tua fé te salvou. Vai em paz!"
— Palavra da Salvação.
— Glória a vós, Senhor!

Lado 1: Senhor, eu já sei que devo perdoar em todos os momentos de minha vida...

Lado 2: ... porque o Senhor não se cansa de me perdoar.

Lado 1: Devo perdoar a quem me ofendeu...

Lado 2: ... porque o Senhor sempre perdoa minhas ofensas.

Lado 1: Devo perdoar a quem mentiu para mim...

Lado 2: ... porque o Senhor já perdoou todas as minhas mentiras.

Lado 1: Devo perdoar a quem foi guloso em minha casa ou em minha presença....

Lado 2: ... porque o Senhor sempre perdoou meus momentos de gula.

Lado 1: Devo perdoar a quem agiu com orgulho para comigo...

Lado 2: ... porque o Senhor me perdoou todas as vezes que fui orgulhoso.

Lado 1: Devo perdoar as pessoas que eram vaidosas diante de mim...

Lado 2: ... porque sempre recebi o perdão em minhas vaidades.

Lado 1: Devo perdoar a quem foi egoísta comigo...

Lado 2: ... porque quando fui egoísta recebi seu perdão.

Lado 1: Devo perdoar a quem me negou ajuda...

Lado 2: ... porque fui perdoado em todos os momentos que não ajudei meu próximo.

Lado 1: Devo perdoar a quem não ama...

Lado 2: ... porque fui perdoado em minhas faltas de amor.

Lado 1: Devo perdoar a falta de fé que encontrei nas pessoas...

Lado 2: ... porque sempre me perdoou em meus momentos de fraqueza e falta de fé.

Reflexão: *Deus perdoa nossas culpas quando ficamos arrependidos. O perdão de Deus nos faz reviver, nascer de novo e caminhar na alegria e na paz. Jesus quer que nós também aprendamos a perdoar nossos irmãos e irmãs. Assim fazendo, imitando o próprio Jesus, damos aos outros a oportunidade de se alegrar e reviver.*

QUEM É VOCÊ?

12º DOMINGO DO TEMPO COMUM
(Lc 9,18-24)

Certo dia, ¹⁸Jesus estava rezando num lugar retirado, e os discípulos estavam com ele. Então Jesus perguntou-lhes: "Quem diz o povo que sou eu?"
¹⁹Eles responderam: "Uns dizem que és João Batista; outros, que és Elias; mas outros acham que és algum dos antigos profetas que ressuscitou".
²⁰Mas Jesus perguntou: "E vós, quem dizeis que eu sou?"
Pedro respondeu: "O Cristo de Deus".
²¹Mas Jesus proibiu-lhes severamente que contassem isso a alguém. ²²E acrescentou: "O Filho do Homem deve sofrer muito, ser rejeitado pelos anciãos, pelos sumos sacerdotes e doutores da Lei, deve ser morto e ressuscitar no terceiro dia".
²³Depois Jesus disse a todos: "Se alguém me quer seguir, renuncie a si mesmo, tome sua cruz cada dia e siga-me. ²⁴Pois, quem quiser salvar sua vida, vai perdê-la; e quem perder sua vida por causa de mim, esse a salvará".
— Palavra da Salvação.
— Glória a vós, Senhor!

Maria era uma excelente contadora de histórias. As crianças sentiam-se felizes e as catequistas queriam aprender com ela.

Maria não desanimava, por isso ia de um lado para outro, a fim de ajudar as pessoas a seguirem o caminho de Jesus.

Maria comunicava-se tão bem com as pessoas, não só com as crianças como com os adultos, e fazia amigos por todas as cidades que percorria.

Um dia, alguém perguntou-lhe:

— Você é filha de Malba Tahan, o Mestre na arte de contar histórias?

— Não, respondeu sorrindo Maria.

Outro rapaz catequista, o Jorge, disse então:

— Você é aluna do Vovô Felício, o maravilhoso contador de estórias?

— Também não! Infelizmente...

Maria resolveu contar ao grupo uma historinha engraçada do frangote Lilico. Ela imitava as vozes do frangote, do galo, do macaco, do ladrão e da cozinheira.

Todos bateram palmas para Maria e uma senhora de 80 anos exclamou:

— Maria, você é a Sherezade que ressuscitou!

— Sherezade? Quem foi?, perguntou um seminarista.

E a velhinha ensinou:

— Sherezade foi uma mulher muito inteligente que contava para o marido, que era uma fera, uma história por dia, parando, no entanto, no trecho mais emocionante, dizendo que estava com dor de garganta. A fera-sultão, que já havia mandado matar as esposas, depois do primeiro dia de casamento, ficava tão curioso com as histórias de Sherezade, que a conservou viva, para escutar o final da história. E, assim, ela contou mil e uma histórias. Eu acho que Maria é Sherezade que ressuscitou!

Maria sorriu e falou:

— Nada disto! Eu sou a evangelizadora que conta histórias preparando as crianças para entenderem o Evangelho de Jesus Cristo. E lá se foi Maria, para o norte, para o sul, para o leste e para o oeste do Brasil, fazendo de suas histórias um trampolim para o Evangelho...

> **Reflexão:** *Maria não foi recebida pelas pessoas que ouviam suas histórias. Assim aconteceu com Jesus que também não foi identificado por ninguém, a não ser pelo apóstolo Pedro que disse que Ele era o Messias.*
>
> *— Infelizmente, muitos franziam o nariz e cochichavam ou proclamavam em voz alta: "Não gosto dela! Que bobagem contar histórias de crianças, de bichos, de plantas, de nuvenzinha... Para quê? A criança tem de ouvir o sermão do adulto".*

O CAMINHO DE JESUS É O CAMINHO DO DISCÍPULO

13º DOMINGO DO TEMPO COMUM
(Lc 9,51-62)

[51]Estava chegando o tempo de Jesus ser levado para o céu. Então ele tomou a firme decisão de partir para Jerusalém [52]e enviou mensageiros à sua frente. Estes puseram-se a caminho e entraram num povoado de samaritanos, para preparar hospedagem para Jesus.

[53]Mas os samaritanos não o receberam, pois Jesus dava a impressão de que ia a Jerusalém. [54]Vendo isso, os discípulos Tiago e João disseram: "Senhor, queres que mandemos descer fogo do céu para destruí-los?"

[55]Jesus, porém, voltou-se e repreendeu-os. [56]E partiram para outro povoado. [57]Enquanto estavam caminhando, alguém na estrada disse a Jesus: "Eu te seguirei para onde quer que fores".

[58]Jesus lhe respondeu: "As raposas têm tocas e os pássaros têm ninhos; mas o Filho do Homem não tem onde repousar a cabeça".

[59]Jesus disse a outro: "Segue-me". Este respondeu: "Deixa-me primeiro ir enterrar meu pai".

[60]Jesus respondeu: "Deixa que os mortos enterrem seus mortos; mas tu, vai anunciar o Reino de Deus".

[61]Um outro ainda lhe disse: "Eu te seguirei, Senhor, mas deixa-me primeiro despedir-me dos meus familiares".

[62]Jesus, porém, respondeu-lhe: "Quem põe a mão no arado e olha para trás, não está apto para o Reino de Deus".

— Palavra da Salvação.
— **Glória a vós, Senhor!**

(Jogral)

Lado A:
Disse Jesus aos discípulos:
Vamos a Jerusalém.
Quem não quiser, que fique.
Eu vou. E você? Também?

Lado B:
Andaram. Andaram. Andaram.
Ouviram alguém dizer
eu seguirei o Senhor.
Eu irei. Podem crer!

Lado A:
Jesus respondeu assim:
Covas, as raposas têm
os pássaros têm os ninhos
Nenhum lugar me diz: Vem!

Lado B:
Jesus tornou a falar
— Você deve, meu amigo
falar do Reino de Deus.
Com todo amor eu lhe digo!

Lado B:
Siga-me, disse Jesus
a um homem que passava
— Agora Jesus, não posso
meu pai de mim esperava!

Lado A:
Veio o terceiro homem:
— Vou segui-lo. Espere aqui
antes vou despedir-me
da família. Está ali!

Lado A:
Esperava e espera
Precisa ser enterrado
"Mortos enterram os mortos"
Você está enganado!

Lado B:
Disse Jesus ao terceiro:
não me serve, meu rapaz,
não vai para o Reino de Deus.
Lá teria Paz! Paz!

Reflexão: *O melhor caminho a seguir é o caminho de Jesus!*

OS MENSAGEIROS DO AMOR

14º DOMINGO DO TEMPO COMUM
(Lc 10,1-12.17-20)

Naquele tempo, [1]o Senhor escolheu outros setenta e dois discípulos e os enviou dois a dois, na sua frente, a toda cidade e lugar aonde ele próprio devia ir.

[2]E dizia-lhes: "A messe é grande, mas os trabalhadores são poucos.

Por isso, pedi ao dono da messe que mande trabalhadores para a colheita.

[3]Eis que vos envio como cordeiros para o meio de lobos. [4]Não leveis bolsa, nem sacola, nem sandálias, e não cumprimenteis ninguém pelo caminho! [5]Em qualquer casa em que entrardes, dizei primeiro: 'A paz esteja nesta casa!' [6]Se ali morar um amigo da paz, a vossa paz repousará sobre ele; se não, ela voltará para vós.

[7]Permanecei naquela mesma casa, comei e bebei do que tiverem, porque o trabalhador merece o seu salário. Não passeis de casa em casa.

[8]Quando entrardes numa cidade e fordes bem recebidos, comei do que vos servirem, [9]curai os doentes que nela houver e dizei ao povo: 'O Reino de Deus está próximo de vós'.

[10]Mas, quando entrardes numa cidade e não fordes bem recebidos, saindo pelas ruas, dizei: [11]'Até a poeira de vossa cidade, que se apegou aos nossos pés, sacudimos contra vós. No entanto, sabei que o Reino de Deus está próximo!'

[12]Eu vos digo que, naquele dia, Sodoma será tratada com menos rigor do que essa cidade".

[17]Os setenta e dois voltaram muito contentes, dizendo: "Senhor, até os demônios nos obedeceram por causa do teu nome".

[18]Jesus respondeu: "Eu vi Satanás cair do céu, como um relâmpago. [19]Eu vos dei o poder de pisar em cima de cobras e escorpiões e sobre toda a força do inimigo. E nada vos poderá fazer mal. [20]Contudo, não vos alegreis porque os espíritos vos obedecem. Antes, ficai alegres porque vossos nomes estão escritos no céu".

— Palavra da Salvação.

— Glória a vós, Senhor!

Justino era um homem bom: não brigava com ninguém, embora fosse homem muito forte; ajudava sempre os que dele se aproximavam, apesar de ser também muito pobre; socorria os doentes com seus chazinhos famosos que, se não curavam, mal também não faziam e principalmente sabia contar com emoção histórias de Jesus, espalhando o amor entre todos os que o ouviam.

Era pescador e passava quase todo o dia no mar, às voltas com a rede, os anzóis e os peixes.

Um dia, Justino tomou uma resolução: chamaria um grupo de meninos para irem com ele em seu grande barco.

— Rezaremos, louvando o Senhor. Pescaremos, cantaremos, comeremos juntos e traremos muitos peixes para distribuir aos que estão com fome!

— Que ótimo programa. Pode contar comigo, disse Adriano!

Aderiram também Luís, Carlão, Tonico, Benê, Zezinho, Ricardo, Zeca, Severino, Maneco, Gugu, João e Tatá.

Foi convidado um segundo grupo de meninos, entre eles o Oscar, que disse logo:

— Rezar? Cantar? Trazer xes para os outros? Se ainda fosse para vendê-los e arranjar dinheiro, eu iria. Não sou bobo!

Os outros seis do segundo grupo também disseram a mesma coisa e recusaram o convite. Às três da manhã, Justino partiu com o primeiro grupo cantando:

— "O mar é bonito, é bonito..."

Foi um dia inesquecível e todos se sentiam felizes cantando, dividindo os alimentos que trouxeram e os peixes grandes e pequenos, vermelhos, dourados e multicores que conseguiram pegar.

Quando voltaram, à tardinha, e puderam dividir a pescaria com todos os que queriam comer, sentiram-se ainda mais felizes.

Uma imensa alegria invadiu os corações dos meninos e de Justino, o bom pescador.

E os outros que não foram?

Ah! Esses não puderam experimentar como é gratificante ser bom e caridoso!

Reflexão: *Jesus envia seus discípulos para anunciarem o amor, a paz e a vinda do Reino de Deus.*

Jesus quer que haja paz entre os homens. Se não houver paz, não haverá condição de proclamar a Palavra de Deus.

Todos somos discípulos de Jesus e todos precisamos semear a paz!

ACONTECEU NO ANIVERSÁRIO DE ALEXANDRE

15º DOMINGO DO TEMPO COMUM
(Lc 10,25-37)

Naquele tempo, 25um mestre da Lei se levantou e, querendo pôr Jesus em dificuldade, perguntou: "Mestre, que devo fazer para receber em herança a vida eterna?"

26Jesus lhe disse: "O que está escrito na Lei? Como lês?"

27Ele então respondeu: "Amarás o Senhor, teu Deus, de todo o teu coração e com toda a tua alma, com toda a tua força e com toda a tua inteligência; e ao teu próximo como a ti mesmo!"

28Jesus lhe disse: "Tu respondeste corretamente. Faze isso e viverás".

29Ele, porém, querendo justificar-se, disse a Jesus: "E quem é meu próximo?"

30Jesus respondeu: "Certo homem descia de Jerusalém para Jericó e caiu na mão de assaltantes. Estes arrancaram-lhe tudo, espancaram-no, e foram-se embora, deixando-o quase morto.

31Por acaso, um sacerdote estava descendo por aquele caminho. Quando viu o homem, seguiu adiante, pelo outro lado.

32O mesmo aconteceu com um levita; chegou ao lugar, viu o homem e seguiu adiante, pelo outro lado.

33Mas um samaritano, que estava viajando, chegou perto dele, viu e sentiu compaixão. 34Aproximou-se dele e fez curativos, derramando óleo e vinho nas feridas. Depois colocou o homem em seu próprio animal e levou-o a uma pensão, onde cuidou dele.

35No dia seguinte, pegou duas moedas de prata e entregou-as ao dono da pensão, recomendando: 'Toma conta dele! Quando eu voltar, vou pagar o que tiveres gasto a mais'".

E Jesus perguntou:

36"Na tua opinião, qual dos três foi o próximo do homem que caiu nas mãos dos assaltantes?"

37Ele respondeu: "Aquele que usou de misericórdia para com ele".

Então Jesus lhe disse: "Vai e faze a mesma coisa".

— Palavra da Salvação.

— **Glória a vós, Senhor!**

Ele era um menino excelente: amigo dos pais, atencioso com os avós, obediente, gentil, cumpridor de seus deveres e obrigações.

Embora fosse um menino rico, não humilhava os pobres, nem os que tinham dificuldade para aprender coisas novas.

Sempre repartia sua merenda farta e gostosa, que a mamãe preparava para ele, com alguém que desejasse prová-la.

Faziam parte de seu vocabulário diário as palavras mágicas: "obrigado", "não há de quê", "por favor", e todos se admiravam de sua boa educação.

Alexandre era realmente um menino legal: criança de Deus!

Amava os parentes, os colegas, os amigos, os vizinhos mas acima deles, de seu computador, da piscina, de seu pônei, da prancha de surfe, do vídeogame, ele colocava Deus, rezando, indo à igreja e procurando realmente ser um amiguinho do Pai do céu.

Por tudo isso, no dia em que completou sete anos, seus pais fizeram uma festa "maneira" no play de sua casa, onde havia salão de festa, piscina, quadra de tênis, de vôlei e de futebol.

Dona Sônia e Dr. Sérgio chamaram pessoas competentes para enfeitar o salão, preparar os "comes-e-bebes" e recreadores nota dez, para distrair as crianças.

A alegria foi geral!

Lucinha, de três anos, corria ao redor da piscina com uma bola vermelha, de plástico.

De repente, a bola caiu na piscina e Lucinha esticou os bracinhos para apanhá-la, perdendo o equilíbrio e caindo dentro d'água.

Alexandre viu a cena e correu para ajudar a amiguinha que não sabia nadar. Não daria tempo de chamar um adulto dentro da casa.

O bondoso menino pulou na piscina, conseguindo tirar a menina que parecia estar sem vida...

Como havia aprendido a fazer respiração artificial, com o pai, Alexandre conseguiu reanimá-la.

Depois que viu Lucinha salva, respirando, é que chamou os outros.

Que alegria sentia o menino: salvou uma vida!

Foi o melhor presente que Deus lhe dera em seu aniversário.

Chegou a chorar de alegria, quando Lucinha reanimada, corada, abraçou-o, beijou-o e lhe disse:

— Obrigada, Alexandre!

Reflexão: *Jesus falou que o maior mandamento é o mandamento do Amor. Vamos pensar no amor que podemos dar às pessoas, fazendo com que elas sejam felizes! Vamos hoje dizer à mamãe, ao papai, a Jesus, com todo carinho:*
— Eu te amo!

PROGRAMAS DE DOMINGO

16º DOMINGO DO TEMPO COMUM
(Lc 10,38-42)

Naquele tempo, ³⁸Jesus entrou num povoado, e certa mulher, de nome Marta, recebeu-o em sua casa.
³⁹Sua irmã, chamada Maria, sentou-se aos pés do Senhor, e escutava sua palavra.
⁴⁰Marta, porém, estava ocupada com muitos afazeres. Ela aproximou-se e disse: "Senhor, não te importas que minha irmã me deixe sozinha, com todo o serviço? Manda que ela me venha ajudar!"
⁴¹Marta, Marta! Tu te preocupas e andas agitada por muitas coisas. ⁴²Porém, uma só coisa é necessária. Maria escolheu a melhor parte e esta não lhe será tirada".
— Palavra da Salvação.
— **Glória a vós, Senhor!**

Celso e Paulo eram amigos de verdade, inseparáveis. Só se separavam aos domingos, pois um não concordava com o programa que o outro escolhia.

Naquele domingo, Celso colou na tevê para assistir a uma corrida de carro. Ele não gostava muito de Schumaker, mas Rubens Barrichello o encantava. A seguir, alegre pela vitória de seu ídolo, Celso almoçou e foi para o estádio ver futebol; e aí viu seu time vencer. O resto do dia, sempre colado na tevê...

Diferente foi o domingo do Paulo. Acordou cedo, fez breve oração, tomou o café da manhã e começou a se preparar para a missa, ensaiando cantos e gestos com outras crianças vizinhas e, quando chegou a hora, foi para a missa.

Distribuiu os folhetos Deus Conosco para todas as pessoas da igreja e, enquanto o padre não chegava, estudou, com atenção, a leitura que faria ao microfone. Participou da missa com muita devoção, alegria e fé.

— Obrigado, meu Deus, por tudo o que sou e tenho. Obrigado!

Paulo sentiu-se muito leve... parecia flutuar... Jesus estava em seu coração!

Ao voltar para casa, o pai o esperava:

— Quer ajudar-me, Paulo, a tratar das flores do jardim?

Os dois passaram horas tirando folhas secas, revolvendo a terra, adubando-a, regando-a.

— Fizemos um bom trabalho, pai!

— Agora, Paulo, vamos almoçar!

O menino, a irmãzinha, pai e mãe rezaram antes da refeição. Jesus estava presente, tinham certeza.

À tardinha, Paulo foi jogar futebol com alguns amigos. Como se divertiu...

À noite, ao deitar-se, após o café, agradeceu a Deus o dia gostoso que tinha vivido e dormiu um sono calmo até o dia seguinte...

Reflexão: *Qual, na sua opinião, foi o melhor programa: o de Celso ou o de Paulo?*

A ORAÇÃO DO CRISTÃO

17º DOMINGO DO TEMPO COMUM
(Lc 11,1-13)

[1]Jesus estava rezando num certo lugar. Quando terminou, um dos seus discípulos pediu-lhe: "Senhor, ensina-nos a rezar, como também João ensinou a seus discípulos".

[2]Jesus respondeu: "Quando rezardes, dizei: 'Pai, santificado seja o teu nome. Venha o teu Reino. [3]Dá-nos a cada dia o pão de que precisamos, [4]e perdoa-nos os nossos pecados, pois nós também perdoamos a todos os nossos devedores; e não nos deixeis cair em tentação'"

[5]E Jesus acrescentou: "Se um de vós tiver um amigo e for procurá-lo à meia-noite e lhe disser: 'Amigo, empresta-me três pães, [6]porque um amigo meu chegou de viagem e nada tenho para lhe oferecer', [7]e se o outro responder lá de dentro: 'Não me incomodes! Já tranquei a porta, e meus filhos e eu já estamos deitados; não me posso levantar para te dar pães'; [8]eu vos declaro: mesmo que o outro não se levante para dá-los porque é seu amigo, vai levantar-se ao menos por causa da impertinência dele e lhe dará quanto for necessário.

[9]Portanto, eu vos digo: pedi e recebereis; procurai e encontrareis; batei e vos será aberto. [10]Pois quem pede, recebe; quem procura, encontra; e, para quem bate, se abrirá.

[11]Será que algum de vós, que é pai, se o filho lhe pedir um peixe, lhe dará uma cobra? [12]Ou ainda, se pedir um ovo, lhe dará um escorpião? [13]Ora, se vós, que sois maus, sabeis dar coisas boas aos vossos filhos, quanto mais o Pai do Céu dará o Espírito Santo aos que o pedirem!"

— Palavra da Salvação.
— **Glória a vós, Senhor!**

(Jogral)

Grupo A:
Não adianta eu dizer "Pai Nosso"...

Grupo B:
Se não quero os outros como irmãos...

Grupo A:
Não adianta eu dizer "que estais no céu"...

Grupo B:
Se só penso em comer, brincar e dormir sem nunca pensar em Deus...

Grupo A:
Não adianta eu dizer "santificado seja o vosso nome"...

Grupo B:
Se não vou à igreja, digo palavrão e não vivo como cristão.

Grupo A:
Não adianta eu dizer "venha a nós o vosso reino"...

Grupo B:
Se não trabalho, não convido os outros a amar e fazer o bem.
Grupo A:
Não adianta eu dizer "seja feita a vossa vontade"..
Grupo B:
Se faço sempre como quero, nunca obedeço, nunca ajudo os outros.
Grupo A:
Não adianta eu dizer "o pão nosso de cada dia"...
Grupo B:
Se quero para mim todos os doces, os brinquedos, as roupas mais bonitas, sem nunca pensar nos mais pobres.
Grupo A:
Não adianta eu dizer "perdoai nossas ofensas"...
Grupo B:
Se fico brigando, maltratando os colegas e não sou capaz de perdoar.
Grupo A:
Não adianta eu dizer "não nos deixeis cair em tentação"...
Grupo B:
Se fico seguindo o exemplo de colegas mal-comportados e não sigo o ensinamento de Jesus.
Grupo A:
Não adianta eu dizer "livrai-nos do mal"...
Grupo B:
Se fico fazendo coisas erradas, sabendo que não deveria fazê-lo.
Grupo A:
Não adianta eu dizer "assim seja"...
Grupo B:
Se não procuro me modificar.

Reflexão: *Pense: Qual o pedacinho do Pai-Nosso que você acha mais importante?*

O AVARENTO

18º DOMINGO DO TEMPO COMUM
(Lc 12,13-21)

Naquele tempo, [13]alguém do meio da multidão disse a Jesus: "Mestre, dize ao meu irmão que reparta a herança comigo".

[14]Jesus respondeu: "Homem, quem me encarregou de julgar ou de dividir vossos bens?"

[15]E disse-lhes: "Atenção! Tomai cuidado contra todo tipo de ganância, porque, mesmo que alguém tenha muitas coisas, a vida de um homem não consiste na abundância de bens".

[16]E contou-lhes uma parábola: "A terra de um homem rico deu uma grande colheita. [17]Ele pensava consigo mesmo: 'O que vou fazer? Não tenho onde guardar minha colheita'.

[18]Então resolveu: 'Já sei o que fazer! Vou derrubar meus celeiros e fazer maiores; neles vou guardar todo o meu trigo, junto com meus bens. [19]Então poderei dizer a mim mesmo: Meu caro, tu tens uma boa reserva para muitos anos. Descansa, come, bebe, aproveita!'

[20]Mas Deus lhe disse: 'Louco! Ainda esta noite, pedirão de volta a tua vida. E para quem ficará o que tu acumulaste?'

[21]Assim acontece com quem ajunta tesouros para si mesmo, mas não é rico diante de Deus".

— Palavra da Salvação.

— Glória a vós, Senhor!

O senhor Dondon morava ao lado do senhor Quinzinho.

O primeiro era muito antipático: não falava com ninguém e vivia de cara amarrada.

O segundo era muito simpático, cumprimentava as pessoas que por ele passavam.

— Bom dia, dona Maria, a senhora melhorou do reumatismo? Que bom!

— Como vai, Julinho, você tem tirado boas notas na escola?

— Boa noite, jovem, desejo-lhe muitas felicidades.

O senhor Dondon, quando não saía para tratar de negócios, fechava-se em casa, trancando portas e janelas.

Bem que o senhor Quinzinho tentava falar com ele, mas o antipático virava o rosto, pensando: "Ele naturalmente quer me pedir dinheiro emprestado".

O senhor Quinzinho não desistia.

— Senhor Dondon! Senhor Dondon, eu vim

buscá-lo para jantar comigo. O senhor vive muito sozinho. Terei muito prazer em recebê-lo. Fiz uma feijoada gostosa. Quer prová-la?

O antipático não respondeu e, para completar, apagou a única luz acesa na casa... (Ele não acendia mais de uma lâmpada para não gastar dinheiro).

"Eu ir jantar com ele? Ele quer é me dar um golpe e pedir dinheiro emprestado. Eu? Nunca!"

O senhor Quinzinho voltou para casa muito decepcionado.

— Tentarei outra vez...

Em casa, o senhor Dondon acendeu a luz e abriu um grande cofre. Nossa! Quantos dólares... quantas barras de ouro... quantas joias...

O avarento tirou tudo do cofre e levou muito tempo para fazer isso... Passou a noite a fazer festinhas em sua fortuna, dizendo:

— Estou rico! Muito rico! Posso viver tranquilo pois nada mais faltará. Não há nada que não se resolva com dinheiro...

— No entanto, o senhor Dondon naquela mesma noite, sentiu uma dor fortíssima no peito e ... morreu!

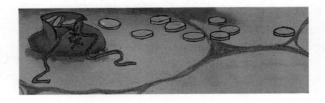

Reflexão: *Deus não quer que as pessoas sejam gananciosas. Deus nos deu de graça nossa vida, as árvores, os pássaros, o mar, o sol, as estrelas e ... tudo o mais!*

DONA LESMA ATRASADA

19º DOMINGO DO TEMPO COMUM
(Lc 12,32-48)

Naquele tempo, disse Jesus a seus discípulos: [32]"Não tenhais medo, pequenino rebanho, pois foi do agrado do Pai dar a vós o Reino. [33]Vendei vossos bens e dai esmola. Fazei bolsas que não se estraguem, um tesouro no céu que não se acabe; ali o ladrão não chega nem a traça corrói. [34]Porque, onde está vosso tesouro, aí estará também vosso coração. [35]Que vossos rins estejam cingidos e as lâmpadas acesas.

[36]Sede como homens que estão esperando seu senhor voltar de uma festa de casamento, para lhe abrirem, imediatamente, a porta, logo que ele chegar e bater. [37]Felizes os empregados que o Senhor encontrar acordados quando chegar. Em verdade eu vos digo: Ele mesmo vai cingir-se, fazê-los sentar à mesa e, passando, os servirá. [38]E caso ele chegue à meia-noite ou às três da madrugada, felizes serão, se assim os encontrar.

[39]Mas ficai certos: se o dono da casa soubesse a hora em que o ladrão iria chegar, não deixaria que arrombasse sua casa. [40]Vós, também, ficai preparados! Porque o Filho do Homem vai chegar na hora em que menos o esperardes".

[41]Então Pedro disse: "Senhor, tu contas esta parábola para nós ou para todos?"

[42]E o Senhor respondeu: "Quem é o administrador fiel e prudente, que o senhor vai colocar à frente do pessoal de sua casa, para dar comida a todos na hora certa? [43]Feliz o empregado que o patrão, ao chegar, encontrar agindo assim! [44]Em verdade eu vos digo: o senhor lhe confiará a administração de todos os seus bens.

[45]Porém, se aquele empregado pensar: 'Meu patrão está demorando', e começar a espancar os criados e as criadas, e a comer, a beber e a embriagar-se, [46]o senhor daquele empregado chegará num dia inesperado e numa hora imprevista, ele o partirá ao meio e o fará participar do destino dos infiéis.

[47]Aquele empregado que, conhecendo a vontade do Senhor, nada preparou, nem agiu conforme sua vontade, será chicoteado muitas vezes. [48]Porém, o empregado que não conhecia essa vontade e fez coisas que merecem castigo, será chicoteado poucas vezes. A quem muito foi dado, muito será pedido; a quem muito foi confiado, muito mais será exigido!" — Palavra da Salvação.

— Glória a vós, Senhor!

Todos os bichinhos tinham recebido o convite para o casamento do mocinho Joaninho e da Joaninha. Todos eles ficaram felizes em receber o convite, no qual havia também o aviso: "Não se atrase".

Antes da festa, porém, os convidados foram ao Shopping Arco-Íris comprar lembranças e os mais variados presentes para os noivos. Dona Centopeia conseguiu doze pares de sapatos. Dona Formiga escolheu um ventilador de folhas de bananeiras. As Minhocas rebolando compraram leques por causa do calor. O senhor Grilo fez cri-cri e conseguiu apitos despertadores. O engraçado Camaleão que muda de cor preferiu oferecer uma palheta com 12 cores. Um charme!

Papai e Mamãe Vaga-lume compraram lanternas pisca-piscas para que o mocinho Joaninho e Joaninha não se perdessem, à noite, no jardim tão lindo, mas tão escuro...

E dona Lesma?

— Não vou ao Shopping Arco-Íris. Vou demorar a ir e voltar. Tenho uma caixinha linda. Dentro colocarei uma flor. Preciso começar a me arrumar. Daqui a três dias é o casamento.

E assim fez. No primeiro dia levou 12 horas para tomar banho. No segundo, colocou uma roupa. No terceiro, fez maquiagem: batom, blush, pó de arroz. Depois pôs-se a caminho, levando sua caixinha com uma flor. Foi andando, devagar, devagar.

Passaram por ela as abelhinhas, louva-a-deus, centopéias, formigas, minhocas, grilos, camaleões, vaga-lumes, borboletas, levando seus presentes.

— Ande, dona Lesma, deixe de ser lerda.

Dona Lesma foi andando com seu passinho de... lesma! E sabem quando chegou ao local indicado para o casamento? Dez dias depois! Dez dias! Dona Lesma não encontrou mais ninguém... Pudera!

Reflexão: *Dona Lesma não estava preparada. A festa tinha acabado. Nós também temos de estar preparados para a festa de Jesus. Ninguém sabe quando ele vai chegar.*

JESUS VEIO TRAZER FOGO À TERRA

20º DOMINGO
DO TEMPO COMUM

(Lc 12,49-53)

Naquele tempo, disse Jesus a seus discípulos: Eu vim para lançar fogo sobre a terra, e como gostaria que já estivesse aceso! Devo receber um batismo, e como estou ansioso até que isto se cumpra!

Vós pensais que eu vim trazer a paz sobre a terra? Pelo contrário, eu vos digo, vim trazer divisão. Pois, daqui em diante, numa família de cinco pessoas, três ficarão divididas contra duas e duas contra três; ficarão divididos: o pai contra o filho e o filho contra o pai; a mãe contra a filha e a filha contra a mãe; a sogra contra a nora e a nora contra a sogra".

— Palavra da Salvação!
— **Glória a vós, Senhor!**

(**Sugestão:** ler o texto a seguir como se fosse uma encenação, com narrador e personagens.)

Aninha fez de tudo para prestar atenção na leitura, procurando entender aquilo que seu pai estava lendo em voz alta, na reunião do "Círculo Bíblico" em sua casa.

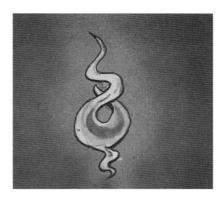

Mas ficou derrotada... viu que acabou não entendendo nada.

Quando se encontrou com Valéria, sua amiguinha, tentou conversar com ela sobre essa sua decepção.

— Valéria, diga-me uma coisa: a Irmã Cida não fala sempre que Jesus é do lado da paz? Que ele veio ao mundo para nos ensinar a construir um mundo de união, e que na família todos devem se respeitar, os pais tratar bem os filhos e os filhos tratar bem os pais e obedecer o que eles mandam? Que os irmãos não devem brigar uns com os outros?

Valéria, sem saber por que Aninha estava fazendo todas aquelas perguntas, respondeu secamente:

— Sim. Isso tudo a Irmã Cida tem falado em nossos encontros. E não poderia ser diferente, pois na catequese ela quer nos ajudar a conhecer a doutrina de Jesus. Os ensinamentos de Jesus, que são tirados do Evangelho, falam de amor, de paz, de união. Mas por que você está perguntando?

Aninha não sabia explicar, mas estava muito confusa. A leitura que ela tinha ouvido falava tudo ao contrário. Chegou a pensar que aquilo era tentação do demônio. Foi aí que as duas amiguinhas resolveram falar com a professora, no intervalo das aulas.

— Dona Cecília – disse Aninha –, a senhora não acha que tem alguma coisa errada neste Evangelho? (Mostrou a ela Lc 20,49-53). Jesus está dizendo que veio botar fogo na terra; que não veio trazer paz, mas divisão e separação; e que por isso, numa família, uns vão brigar com os outros. Pais contra filhos; irmãos contra irmãos; sogro contra a nora... onde se viu uma coisa dessa?

Dona Cecília era uma professora católica e muito instruída. Com jeito e paciência explicou tudo direitinho. Disse ela:

— Meninas: a palavra que está escrita no Evangelho precisa ser corretamente entendida. Jesus deixou claro que ele é da paz. Ele pregou o amor não só com palavras, mas principalmente com a vida. Quem segue Jesus constrói a união e não a divisão. Quem é de Jesus trabalha para unir e não para dividir ou separar.

As duas meninas balançaram o rosto para cima e para baixo, em sinal de confirmação. Mas esperavam algo mais. Dona Cecília continuou:

— Infelizmente, quem não é da paz, quem não aceita Jesus, acaba tendo ódio daqueles que querem ser bons e honestos. Por isso acontecem as guerras! Vejam como nossas cidades estão cheias de criminosos e bandidos. Grande parte dos políticos abusa do poder e se envolve em lances de corrupção. Gente que pratica a violência sem medo de ser punida. Não foi Jesus quem provocou a violência. A bondade e o amor de Jesus combatem a maldade, a injustiça e o ódio que estão no coração das pessoas. Quem se converte, se salva, se liberta. Mas quem não se converte, acaba tornando-se um verdadeiro demônio para os outros, e isso provoca divisão, separação, guerra.

> **Reflexão:** *Jesus vai deixar todo o mundo inquieto, pois sua palavra nos joga numa verdadeira guerra. Com qual fogo lutaremos? Com aquele do Espírito Santo ou com o outro, aceso pela maldade e pelo ódio?*

A PORTA MÁGICA

21º DOMINGO DO TEMPO COMUM
(Lc 13,22-30)

Naquele tempo, [22]Jesus atravessava cidades e povoados, ensinando e prosseguindo o caminho para Jerusalém. [23]Alguém lhe perguntou: "Senhor, é verdade que são poucos os que se salvam?"

Jesus respondeu:

[24]"Fazei todo esforço possível para entrar pela porta estreita. Porque eu vos digo que muitos tentarão entrar e não conseguirão. [25]Uma vez que o dono da casa se levantar e fechar a porta, vós, do lado de fora, começareis a bater, dizendo: 'Senhor, abre-nos a porta!' Ele responderá: 'Não sei de onde sois'.

[26]Então começareis a dizer: 'Nós comemos e bebemos diante de ti, e tu ensinaste em nossas praças!'

[27]Ele, porém, responderá: "Não sei de onde sois. Afastai-vos de mim, todos vós, que praticais a injustiça!'

[28]Ali haverá choro e ranger de dentes, quando virdes Abraão, Isaac e Jacó, junto com todos os profetas no Reino de Deus, e vós, porém, sendo lançados fora.

[29]Virão homens do oriente e do ocidente, do norte e do sul, e tomarão lugar à mesa no Reino de Deus. [30]E assim há últimos que serão primeiros, e primeiros que serão últimos".

— Palavra da Salvação.

— Glória a vós, Senhor!

Havia um lindo jardim cheio de flores e um pomar com frutas deliciosas, de árvores seculares que davam excelentes sombras.

Uma altíssima grade cercava o jardim e o pomar.

Só havia uma porta estreita que se abria sem porteiro.

Para alguns, ela se abria automaticamente mas para outros, ela continuava fechada, não dando importância a gritos e berros.

O dono desse jardim maravilhoso e do pomar inigualável era um velhinho rigoroso e muito justo: Seu Justino.

Muitos queriam entrar: os mais escandalosos eram os abutres, os gaviões, os urubus, os escorpiões e as cobras:

— Hei! Abra essa porta, gritavam os bichos com voz grossa e voz fina.

— Hei! Abra essa porta, berravam os bichos furiosos.

A porta, no entanto, continuava fechada. Gritaram horas e horas até que o velhinho, Seu Justino, surgiu à frente deles.

— Hei, você aí, nós queremos entrar.

— Em meu paraíso, não, não e não, respondeu Seu Justino.

— Por quê?

— Porque foram injustos, prejudicaram muitos, mataram e não serviram a ninguém. Não conheço vocês. Podem ir embora.

Os maus rangeram os dentes e se afastaram com raiva.

Nesse momento chegaram outros bichos.

O velhinho Seu Justino sorriu e a porta, vipt-vapt, abriu!

— Vocês serviram ao próximo?

— Eu dei minha lã para esquentar quem tinha frio, falou o carneirinho.

— Eu dei mel e cera, zumbiu a abelha.

— Eu dei ovos para alimentar os que tinham fome, cacarejou a galinha.

— Eu tomo conta da casa, latiu o cão.

— Eu darei minha carne, meus ossos e meus chifres, mugiu o boi.

E assim muitos bichinhos vindos do norte e do sul, do leste e do oeste desfilaram anunciando o que faziam pelos outros.

Estes, sim. Estes entraram no jardim do velhinho Seu Justino.

A porta, sem ninguém fazer nada, abriu-se e eles entraram.

O passarinho cantou assim:

— "Os últimos serão os primeiros!"

Reflexão: *Quem irá para o céu? Quem passará pela Porta Mágica? Os maus ou os bons?*

A ÁRVORE SEM NOME

22º DOMINGO
DO TEMPO COMUM
(Lc 14,1.7-14)

¹Aconteceu que, num dia de sábado, Jesus foi comer na casa de um dos chefes dos fariseus. E eles o observavam. ⁷Jesus notou como os convidados escolhiam os primeiros lugares. Então contou-lhes uma parábola: ⁸"Quando tu fores convidado para uma festa de casamento, não ocupes o primeiro lugar. Pode ser que tenha sido convidado alguém mais importante do que tu, ⁹e o dono da casa, que convidou os dois, venha te dizer: 'Dá o lugar a ele'. Então tu ficarás envergonhado e irás ocupar o último lugar. ¹⁰Mas, quando tu fores convidado, vai sentar-te no último lugar. Assim, quando chegar quem te convidou, te dirá: 'Amigo, vem mais para cima'. E isto vai ser uma honra para ti diante de todos os convidados. ¹¹Porque quem se eleva, será humilhado, e quem se humilha, será elevado". ¹²E disse também a quem o tinha convidado: "Quando tu deres um almoço ou um jantar, não convides teus amigos, nem teus irmãos, nem teus parentes, nem teus vizinhos ricos. Pois estes poderiam também convidar-te e isto já seria tua recompensa. ¹³Pelo contrário, quando deres uma festa, convida os pobres, os aleijados, os coxos, os cegos. ¹⁴Então tu serás feliz! Porque eles não podem retribuir. Tu receberás a recompensa na ressurreição dos justos".

— Palavra da Salvação.

— Glória a vós, Senhor!

Num lindo jardim, à beira de uma grande e bem tratada piscina, muito frequentada, havia seis árvores seculares: altas, com muitas ramificações, oferecendo uma sombra deliciosa.

Eram habitadas por miquinhos travessos que encantavam as crianças e os adultos quando lhes ofereciam banana, biscoitos e bolos. À tarde, eram sempre visitadas por belos tucanos e por um bando de maritacas barulhentas.

As árvores sentiam-se poderosas por tudo isso e também quando as pessoas as abraçavam ao amanhecer e dormiam em redes coloridas presas a seus galhos fortes e grossos.

As árvores, com o passar do tempo, foram-se tornando vaidosas: naquele local, só elas sabiam o que havia acontecido cem anos atrás...

Trocavam ideias

sobre o cafezal do tempo do Imperador, as festas no salão com damas e cavalheiros da época, os escravos, seus castigos, o trabalho incessante para a construção do lago, as tristes senzalas e os cânticos melancólicos...

Uma pequena e jovem árvore que crescia a poucos metros de distância das outras perguntou-lhes:

— Vocês podem contar-me uma história que presenciaram?

— Quem está nos dirigindo a palavra?

— Sou eu!

— Quem é você?

— Uma pequena árvore...

— Isso estamos vendo, mas queremos saber seu nome. Não falamos com árvores estranhas! Além disso, você não tem história. Nem nome! É uma qualquer!

— Eu... eu... a arvorezinha pôs-se a chorar! Quanta humilhação!

As imponentes e imensas árvores, juntas, gritaram:

— Nós somos os importantes fícus! Nós contamos as histórias de cem anos; as nossas histórias e só para quem é importante igual a nós, e você, boba, nem nome tem.

Alguns meses passaram...

Chegou o inverno e a pequena árvore ficou sem folha alguma...

Ah! Ah! Ah! Ah! Que feia! Que boba! Não é de nada. Não tem nome, nem passado.

Até que, três meses depois, a primavera chegou, trazendo flores e perfumes.

Olhou para todo o jardim, escolhendo a árvore que merecesse o presente que trouxera.

E vendo a triste e humilhada arvorezinha, jogou sobre ela o que tinha trazido: flores e mais flores perfumadas, brancas, azuis e roxinhas.

Que linda ela ficou!

E foi assim que nasceu o manacá!

Reflexão: *Jesus nos convida a ser simples. Ele não gosta de gente orgulhosa e cheia de vaidade. "Quem se exalta será humilhado, e quem se humilha será exaltado."*

RAIO DE LUZ

23º DOMINGO DO TEMPO COMUM
(Lc 14,25-33)

Naquele tempo, [25]grandes multidões acompanhavam Jesus. Voltando-se, ele lhes disse: [26]"Se alguém vem a mim, mas não se desapega de seu pai e sua mãe, sua mulher e seus filhos, seus irmãos e suas irmãs e até da sua própria vida, não pode ser meu discípulo. [27]Quem não carrega sua cruz e não caminha atrás de mim, não pode ser meu discípulo.

[28]Com efeito, qual de vós, querendo construir uma torre, não se senta primeiro e calcula os gastos, para ver se tem o suficiente para terminar? Caso contrário, [29]ele vai lançar o alicerce e não será capaz de acabar. E todos os que virem isso começarão a caçoar, dizendo: [30]'Este homem começou a construir e não foi capaz de acabar!'

[31]Ou ainda: Qual o rei que, ao sair para guerrear com outro, não se senta primeiro e examina bem se com dez mil homens poderá enfrentar o outro que marcha sobre ele com vinte mil? [32]Se ele vê que não pode, enquanto o outro rei ainda está longe, envia mensageiros para negociar a paz.

[33]Do mesmo modo, portanto, qualquer um de vós, se não renunciar a tudo o que tem, não pode ser meu discípulo!"
— Palavra da Salvação.
— **Glória a vós, Senhor!**

Um dia, o sol enviou seu filho, Raio de Luz, à terra, porque aqui estavam precisando muito de sua palavra.

O Raio de Luz foi descendo, descendo e foi adquirindo a figura de uma criança luminosa.

Pousou num belo jardim e as flores lhe perguntaram:
— Quem é você?
— De onde vem?
— Você é lindo!
— Estamos sentindo paz!

O Menino Luminoso sorriu e respondeu:
— Meu Pai é o Sol, por isso sou assim.

Logo, logo, o Menino Luminoso foi ao encontro dos doentes e dos famintos.

Consertou antenas tortas, asas amassadas, reumáticos, olhos tortos...

Certos bichinhos resolveram acompanhá-lo.
— Está bem! Está ótimo, mas vocês terão de deixar suas famílias, coisas, fortunas, roupas etc.

Os bichinhos concordaram e acompanharam

o Menino Luminoso. Queriam ser alunos do Menino Luminoso e foram aprendendo com ele a fazer coisas incríveis.

Colhiam frutos para os famintos, consolavam os velhinhos, consertavam asas, antenas e acabavam com reumatismo.

E assim os bichos se encheram de alegria e de felicidade pois renunciaram a tudo que tinham mas eram agora alunos do Menino Luminoso.

Depois de algum tempo, o Menino Luminoso deu por encerrada sua missão na terra.

Reuniu os discípulos e lhes falou:

— Tenho de voltar para o Reino de meu Pai Sol!

— Não vá, Menino Luminoso. Que faremos sem você?

— Vocês estão preparados para isso. Convidem outros bichinhos para acompanhá-los.

— Sim, Menino Luminoso.

— Se não renunciarem a tudo que têm, não podem ser meus discípulos.

O Menino Luminoso e os alunos subiram a montanha.

Despediram-se e o Menino Luminoso foi subindo, subindo. De repente, transformou-se no Raio de Luz do maravilhoso Sol.

Reflexão: *Esta estorinha nos alerta que para seguirmos Jesus em sua caminhada temos de renunciar a tudo que temos aqui na terra.*

O MACAQUINHO FUJÃO

24º DOMINGO
DO TEMPO COMUM
(Lc 15,1-10)

Naquele tempo, [1]os publicanos e pecadores aproximavam-se de Jesus para o escutar. [2]Os fariseus, porém, e os mestres da Lei criticavam Jesus. "Este homem acolhe os pecadores e faz refeição com eles". [3]Então Jesus contou-lhes esta parábola: [4]"Se um de vós tem cem ovelhas e perde uma, não deixa as noventa e nove no deserto, e vai atrás daquela que se perdeu, até encontrá-la? [5]E quando a encontra, coloca-a nos ombros com alegria, [6]e, chegando a casa, reúne os amigos e vizinhos, e diz: 'Alegrai-vos comigo! Encontrei a minha ovelha que estava perdida!' [7]Eu vos digo: Assim haverá no céu mais alegria por um só pecador que se converte, do que por noventa e nove justos que não precisam de conversão. [8]E se uma mulher tem dez moedas de prata e perde uma, não acende uma lâmpada, varre a casa e a procura cuidadosamente, até encontrá-la? [9]Quando a encontra, reúne as amigas e vizinhas, e diz: 'Alegrai-vos comigo! Encontrei a moeda que tinha perdido!' [10]Por isso, eu vos digo, haverá alegria entre os anjos de Deus por um só pecador que se converte".
— Palavra da Salvação.
— **Glória a vós, Senhor!**

Tião, o macaquinho, vivia aborrecido. Vida chata: era só comer e pular. Seu irmão, o macaquinho Chito, no entanto, era feliz com a vida que levava.

— Chito, meu irmão, vamos embora daqui. Vamos buscar um lugar maravilhoso, onde seremos felizes.

— Não, Tião, eu estou bem ao lado de nosso pai.

— Pois então fique!

Tião foi ao pai e pediu-lhe que lhe desse sua fortuna: um enorme cacho de bananas. Saiu de casa (a grande árvore) sem prestar atenção na lágrima do pai. Um pouco adiante alguém gritou:

— É um assalto! Passe para cá essas bananas!

Tião não gostou nem um pouquinho. Mesmo assim não voltou atrás. Foi pulando, pulando, mas não estava mais tão feliz. De repente viu uma piscina e pulou dentro dela. Teria morrido afogado se não fosse salvo por um menino que ali estava.

Todo molhado e espirrando, subiu para um telhado. Depois de seco, pulou para outra árvore carregada de frutinhas vermelhas. Pôs umas na boca e gritou:

— Ai! Que coisa horrorosa!

Já estava arrependido de ter saído de casa, mas continuou seu caminho. De repente, dois homens o laçaram com uma rede.

— Oba! Já temos um macaquinho para trabalhar!

Foi levado para um circo, preso numa jaula. Sofreu muito e ficou com saudade da casa paterna.

Um dia, o rapaz que lhe trazia comida esqueceu a porta aberta e Tião pôde fugir. Passou pelo telhado e pela piscina e voltou para casa. Seu pai, macaco Zezé, recebeu-o de volta com muita alegria, e deu um grande banquete de bananas para festejar a volta do filho fujão. Se bem que o irmão mais velho não concordasse com isso.

Reflexão: *O Macaquinho era muito importante para o papai Macaco Zezé que festejou a volta do filho pródigo.*

Nós somos preciosos aos olhos de Deus. Ele não quer perder nenhum de nós, pois somos seus filhos e filhas; quando pecamos Ele nos perdoa, quando fugimos Ele nos acolhe em seus braços...

FIÉIS NAS PEQUENAS COISAS

25º DOMINGO DO TEMPO COMUM
(Lc 16,1-13)

Naquele tempo, Jesus dizia aos discípulos: [1]"Um homem rico tinha um administrador que foi acusado de esbanjar seus bens.

[2]Ele o chamou e lhe disse: 'Que é isto que ouço a teu respeito? Presta contas da tua administração, pois já não podes mais administrar meus bens'.

[3]O administrador então começou a refletir: 'O senhor vai me tirar a administração. Que vou fazer? Para cavar, não tenho forças; de mendigar tenho vergonha. [4]Ah! Já sei o que fazer, para que alguém me receba em sua casa, quando eu for afastado da administração'.

[5]Então ele chamou cada um dos que estavam devendo ao seu patrão. E perguntou ao primeiro: 'Quanto deves ao meu patrão?' [6]Ele respondeu: 'Cem barris de óleo!' O administrador disse: 'Pega a tua conta, senta-te, depressa, e escreve cinquenta!'

[7]Depois ele perguntou a outro: 'E tu, quanto deves?' Ele respondeu: 'Cem medidas de trigo'. O administrador disse: 'Pega a tua conta e escreve oitenta'.

[8]E o senhor elogiou o administrador desonesto, porque ele agiu com esperteza. Com efeito, os filhos deste mundo são mais espertos em seus negócios do que os filhos da luz.

[9]E eu vos digo: usai o dinheiro injusto para fazer amigos, pois, quando acabar, eles vos receberão nas moradas eternas.

[10]Quem é fiel nas pequenas coisas também é fiel nas grandes, e quem é injusto nas pequenas também é injusto nas grandes.

[11]Por isso, se vós não sois fiéis no uso do dinheiro injusto, quem vos confiará o verdadeiro bem? [12]E se não sois fiéis do que é dos outros, quem vos dará aquilo que é vosso?

[13]Ninguém pode servir a dois senhores; porque ou odiará um e amará o outro, ou se apegará a um e desprezará o outro. Vós não podeis servir a Deus e ao dinheiro.

— Palavra da Salvação.

— Glória a vós, Senhor!

Havia um grande Colégio numa cidade do interior da Bahia. Seu nome é Juazeiro.

Esse colégio tinha, em todas as salas de aula, uma pequena biblioteca com livros didáticos e recreativos.

Joãozinho, aluninho da primeira série do primeiro grau, estava "doido" para mexer nos livros.

— Quem quer ser o responsável pelos livros de nossa sala?, falou a professora.

— Eu!, disse logo Joãozinho.

Daí para diante, o menino não ia nem ao recreio. Nessa hora, Joãozinho tomava conta dos livros. Colocava-os em ordem, depois de limpá-los com uma flanelinha. Quando tinha tempo, lia, lia, lia.

No final do ano, Joãozinho tinha lido os livrinhos todos! Os livros continuavam bem tratados.

Isto se repetiu nas salas de Joãozinho da 2ª, 3ª, 4ª, 5ª, 6ª e 7ª séries.

Nessa época, a Biblioteca Maria Mazzetti tinha mais de dois mil livros.

A bibliotecária era a Professora Marion, que cuidava de todos os livros e os recolocava no lugar certo.

Mas era muito trabalho para uma só professora.

Foi então que a Diretora Dona Eurídice se lembrou de Joãozinho.

— Meu filho, você gostaria de se dedicar à biblioteca?

— Eu? A senhora acha que posso?

— Sim, Joãozinho! Você foi bibliotecário de sua turma todos esses anos. Sabe, Joãozinho, "quem faz pequenas coisas é capaz de fazer grandes coisas". Você lidou muito bem com poucos livros. Sua nota foi 10. Agora vai lidar com dois mil livros e tenho certeza que se sairá muito bem.

Não é preciso dizer que Joãozinho foi excelente ajudante da professora Marion.

Além disso o menino, com tantos livros ao redor, tornou-se cheio de sabedoria porque continuou a ler, a ler, a ler...

Reflexão: *Disse Jesus: "Quem é fiel nas pequenas coisas também é fiel nas grandes".*

CUIDADO COM O QUE FAZ

26º DOMINGO DO TEMPO COMUM
(Lc 16,19-31)

Naquele tempo, Jesus disse aos fariseus: "[19]Havia um homem rico, que se vestia com roupas finas e elegantes e fazia festas esplêndidas todos os dias.

[20]Um pobre, chamado Lázaro, cheio de feridas, estava no chão, à porta do rico. [21]Ele queria matar a fome com as sobras que caíam da mesa do rico. E, além disso, vinham os cachorros lamber suas feridas.

[22]Quando o pobre morreu, os anjos levaram-no para junto de Abraão. Morreu também o rico e foi enterrado.

[23]Na região dos mortos, no meio dos tormentos, o rico levantou os olhos e viu de longe a Abraão, com Lázaro a seu lado.

[24]Então gritou: 'Pai Abraão, tem piedade de mim! Manda Lázaro molhar a ponta do dedo para me refrescar a língua, porque sofro muito nestas chamas'.

[25]Mas Abraão respondeu: 'Filho, lembra-te que tu recebeste teus bens durante a vida e Lázaro, por sua vez, os males. Agora, porém, ele encontra aqui consolo e tu és atormentado. [26]E, além disso, há um grande abismo entre nós; por mais que alguém desejasse, não poderia passar daqui para junto de vós, e nem os daí poderiam atravessar até nós'.

[27]O rico insistiu: 'Pai, eu te suplico, manda Lázaro à casa do meu pai, [28]porque eu tenho cinco irmãos. Manda preveni-los, para que não venham também eles para este lugar de tormento".

[29]Mas Abraão respondeu: 'Eles têm Moisés e os Profetas, que os escutem!'

[30]O rico insistiu: 'Não, pai Abraão, mas se um dos mortos for até eles, certamente vão se converter'.

[31]Mas Abraão lhe disse: 'Se não escutam a Moisés, nem aos Profetas, eles não acreditarão, mesmo que alguém ressuscite dos mortos'".

— Palavra da Salvação.

— Glória a vós, Senhor!

No formigueiro todos trabalhavam levando folhinhas para um lado, para outro. Todos, não! Algumas formigas não trabalhavam; ficavam o tempo todo dançando rock e bebendo suquinho de carambola.

Dona Formigão estava muito preocupada: já chamara a

atenção, várias vezes, das formiguinhas "boa-vida". Nada! Todas as que não se comportavam direito, eram indiferentes e só pensavam em passear, comer, dançar, dormir. Elas tinham até um fusquinha para passeios maiores. Dinheiro não faltava e só queriam gozar a vida...

Dona Formigão, depois de falar muito, desistiu das formigas farristas.

Enquanto isto, as trabalhadeiras continuavam a carregar folhas, pauzinhos e frutinhas secas.

O tempo passou...

As formigas ficaram velhas e, um dia, morreram.

Dona Formigão levou as trabalhadeiras para o alto do formigueiro. Lá em cima era o "Paraíso das Formigas". Não se cansavam, não eram maltratadas.

Comiam do bom e do melhor e sentavam-se ao lado do Formigão que lhes contava histórias lindas.

As formiguinhas malandras não foram levadas por Dona Formigão.

Caíram no poço sujo e gritaram nervosas:

— Dona Formigão, venha nos buscar.

— Não!, respondeu Dona Formigão. Vocês só queriam saber de farras.

— Aqui no poço é tão ruim...

— Vocês não merecem vir para o paraíso das formigas.

— E nossas famílias? Nós podemos voltar para lhes falar?

— Não! Elas não acreditaram...

E, assim, infelizmente, as más formigas ficaram no poço enquanto as boas formigas viviam no alto, muito felizes.

Reflexão: *Nós devemos ser boas formiguinhas e não iguais às que só queriam farras, sem pensar em ajudar os outros, porque eram muito egoístas.*

A FÉ FAZ MARAVILHAS

27º DOMINGO DO TEMPO COMUM
(Lc 17,5-9)

Naquele tempo, ⁵os apóstolos disseram ao Senhor: "Aumenta nossa fé!"

⁶O Senhor respondeu: "Se vós tivésseis fé, mesmo pequena como um grão de mostarda, poderíes dizer a esta amoreira: 'Arranca-te daqui e planta-te no mar', e ela vos obedeceria.

⁷Se algum de vós tem um empregado que trabalha a terra ou cuida dos animais, por acaso vai dizer-lhe, quando ele volta do campo: 'Vem depressa para a mesa?'

⁸Pelo contrário, não vai dizer ao empregado: 'Prepara-me o jantar, cinge-te e serve-me, enquanto eu como e bebo; depois disso tu poderás comer e beber'? ⁹Será que vai agradecer ao empregado, porque fez o que lhe havia mandado?

— Palavra da Salvação.

— **Glória a vós, Senhor!**

Zeca vivia no Nordeste, onde o sol deixava o chão rachado, sem grama e sem plantas. Por falta de comida adequada, as crianças ficavam magrinhas e muitas morriam.

— Um dia, Zeca reuniu a criançada e falou:

— Vamos fazer chover!

— Como?, perguntaram os amigos.

— Primeiro, vamos rezar o "Pai-Nosso" de mãos dadas.

Alguns meninos não acreditavam nele.

— Se vocês não têm fé, é claro que não vai chover. Mas eu tenho fé...

Lembrou-se de que tinha uma bola muito grande, cheia de gás. A bola poderia subir e levar a mensagem para Deus. Zeca amarrou na bola cheia de gás uma faixa enorme, onde estava escrito: "Pai do céu, mande chuva". A bola foi subindo, subindo, até desaparecer.

De repente, as nuvens começaram a ficar escuras e bem baixas. Zeca chamou novamente os amigos e lhes disse:

— Tenham fé! Vocês vão ver que o Pai do céu irá atender nosso pedido.

Cheios de fé, os meninos cantaram:

"Cai, chuvinha, cai no chão! Vem molhar a plantação!"

Vocês podem não acreditar, crianças, mas a chuva caiu de verdade. Zeca reuniu os amigos, que ficaram se deliciando e se molhando todos com a chuva fresquinha, e disse-lhes:

— Vamos dizer ao Pai do céu nosso "muito obrigado". E lembremos sempre que o Pai do céu nunca deixa de atender nossos pedidos quando feitos com fé verdadeira...

Reflexão: *Nossa fé pode ficar abalada e nós podemos desanimar. Nessas horas é que precisamos pedir a Jesus que aumente nossa fé nele, para que possamos andar na vida com segurança.*

Sem fé, não podemos viver. Tendo fé em nosso coração, acreditamos que Jesus está com a gente, até as coisas mais impossíveis se tornam possíveis para nós.

SÓ UM AGRADECEU

28º DOMINGO DO TEMPO COMUM
(Lc 17,11-19)

¹¹Aconteceu que, caminhando para Jerusalém, Jesus passava entre a Samaria e a Galileia. ¹²Quando estava para entrar num povoado, dez leprosos vieram ao seu encontro. Pararam a distância, ¹³e gritaram: "Jesus, Mestre, tem compaixão de nós!"

¹⁴Ao vê-los, Jesus disse: "Ide apresentar-vos aos sacerdotes".

Enquanto caminhavam, aconteceu que ficaram curados. ¹⁵Um deles, ao perceber que estava curado, voltou glorificando a Deus em alta voz; ¹⁶atirou-se aos pés de Jesus, com o rosto por terra, e lhe agradeceu. E este era um samaritano.

¹⁷Então Jesus lhe perguntou: "Não foram dez os curados? E os outros nove, onde estão? ¹⁸Não houve quem voltasse para dar glória a Deus, a não ser este estrangeiro?"

¹⁹E disse-lhe: "Levanta-te e vai! Tua fé te salvou".

— Palavra da Salvação.

— Glória a vós, Senhor!

O dia estava nublado e, de repente, começou a trovejar. Raios salpicavam por todos os lados e os bichinhos da chácara foram atingidos.

O cão ficou sem rabo, o gato sem orelhas, o galo sem crista, a galinha sem pena, o cavalo sem crina, o boi sem chifres, o pato sem bico, o papagaio sem pé, o passarinho sem asas e deu pane na luz do vaga-lume.

Os dez bichinhos da chácara, apavorados, esconderam-se numa caverna. Levou muito tempo para que a chuva passasse. Finalmente, tudo voltou ao normal e os bichinhos puderam sair da caverna. Mas como estavam feios! Faltava um pedaço de cada um e eles corriam e voavam de todos os lados em desespero.

Foi então que uma brisa soprou suavemente:

— Eu sou a brisa, e posso ajudá-los.

— Por favor, faça isso, brisa! Estamos desesperados!

E a brisa, mensageira de Deus, soprou em cima dos bichinhos, que voltaram a ser o que eram antes: inteiros e bonitos como tinham saído das mãos de Deus...

Depois de terem ganho o pedaço que lhes faltava, ficaram tão contentes que se mandaram cada um para seu lado. E sem ao menos agradecer o trabalho da brisa...

Só ficou o vaga-lume que, piscando com sua luzinha perfeita, disse à brisa:

— Obrigado, brisa! Você foi legal.

E a brisa, notando a falta dos outros bichinhos, perguntou:

— E os outros?

— Não sei, respondeu o vaga-lume.

E a brisa, muito triste, voltou para o céu pensando: "A ingratidão é a pior coisa do mundo!"

Reflexão: *Recebemos sempre graças de Deus; nem sempre lembramos de agradecer. Deus gosta de conceder-nos favores mas gosta de nossa gratidão, de nosso Muito Obrigado!*

"1, 2, 3, 4, 5, 6, 7, 8, 9, 10
dez homens Jesus curou
nove foram embora,
só um deles voltou,
pra dizer muito obrigado,
pra dizer muito obrigado.

A ingratidão é a dor que dói
no fundo do coração.
Eu não quero, não quero, não quero,
fazer Jesus sofrer com minha ingratidão."

(Homenagem a Maria Sarmemberg)

O NEGÓCIO É REZAR

29º DOMINGO DO TEMPO COMUM
(Lc 18,1-8)

Naquele tempo, [1]Jesus contou aos discípulos uma parábola, para mostrar-lhes a necessidade de rezar sempre, e nunca desistir, dizendo: [2]"Numa cidade havia um juiz que não temia a Deus, e não respeitava homem algum. [3]Na mesma cidade havia uma viúva, que vinha à procura do juiz, pedindo: 'Faze-me justiça contra o meu adversário!' [4]Durante muito tempo, o juiz se recusou. Por fim, ele pensou: 'Eu não temo a Deus, e não respeito homem algum. [5]Mas esta viúva já me está aborrecendo. Vou fazer-lhe justiça, para que ela não venha a agredir-me!'" [6]E o Senhor acrescentou: "Escutai o que diz este juiz injusto. [7]E Deus, não fará justiça aos seus escolhidos, que dia e noite gritam por ele? Será que vai fazê-los esperar? [8]Eu vos digo que Deus lhes fará justiça bem depressa. Mas o Filho do homem, quando vier, será que ainda vai encontrar fé sobre a terra?"
— Palavra da Salvação.
— Glória a vós, Senhor!

Mário tinha nove anos e frequentava o catecismo. Gostava dessas aulas, mas tinha preguiça de ir à missa das crianças.
— Mário, acorde! — insistia a mãe, dona Ester. — Você vai chegar à igreja bem atrasado.
— Quem assume um compromisso, tem de cumpri-lo — dizia o pai, seu Ricardo.
Era sempre a mesma história, todos os domingos. Por outro lado, Mário pedia todos os dias aos pais que casassem na igreja.
— Eu gostaria tanto...
Seu Ricardo e dona Ester, porém, respondiam sempre:
— Estamos felizes assim!
Mário repetia sempre a mesma coisa. Mas, de repente, mudou seu comportamento. Acordava cedo aos domingos e corria para a igreja. Nunca mais precisou ser chamado para levantar. Passaram-se alguns meses, mas nunca deixava de lembrar aos pais:
— Casem-se na igreja!
Eles ficaram intrigados:
— Por que será que agora o Mário gosta de ir à missa?
Um domingo, eles mesmos foram à missa das crianças. Viram coisas bonitas: as crianças cantando e fazendo gestos, participando das procissões e das

preces, prestando muita atenção à proclamação do Evangelho e entendendo as palavras do padre...

Mais tarde, lá em casa, dona Ester e seu Ricardo disseram:

— Estamos resolvidos a casar na igreja.

E assim foi, para a felicidade de Mário.

Reflexão: Mário não se limitou a convidar os pais para casarem na igreja. Ele rezou bastante. Daqui se pode ver como a oração feita com fé faz milagres!

QUAL DOS DOIS?

30º DOMINGO DO TEMPO COMUM
(Lc 18,9-14)

Naquele tempo, ⁹Jesus contou esta parábola para alguns que confiavam na sua própria justiça e desprezavam os outros:
¹⁰"Dois homens subiram ao Templo para rezar: um era fariseu, o outro cobrador de impostos. ¹¹O fariseu, de pé, rezava assim em seu íntimo: 'Ó Deus, eu te agradeço porque não sou como os outros homens, ladrões, desonestos, adúlteros, nem como este cobrador de impostos. ¹²Eu jejuo duas vezes por semana, e dou o dízimo de toda a minha renda'.
¹³O cobrador de impostos, porém, ficou à distância, e nem se atrevia a levantar os olhos para o céu; mas batia no peito, dizendo: 'Meu Deus, tem piedade de mim que sou pecador!'
¹⁴Eu vos digo: este último voltou para casa justificado, o outro não. Pois quem se eleva será humilhado, e quem se humilha será elevado".
— Palavra da Salvação.
— **Glória a vós, Senhor!**

Marina tinha dois cachorros: o Rex (um fila) e o Bolinha, de raça poodle.

Rex era bravo e tomava conta da casa. Ninguém ousava chegar perto dele. Bolinha, lindo e fofo que nem bolinha, com os pêlos finos e sedosos, ficava sempre ao lado de Marina.

Um dia, Bolinha estava deitado na janela e Rex sentado na varanda, enquanto Marina, deitada na rede, estava quase dormindo. Olhava o céu, as árvores e as flores, pensando:

— Como Deus é bom! Ele fez maravilhas por nós.

O Rex olhava para o Bolinha e parecia dizer-lhe:

— Olhe para mim. Eu sou forte

e bravo; posso defender Marina dos ladrões e tomar conta da casa. Ninguém vai se atrever a pular o muro e entrar aqui, porque meu latido mete medo. Se alguém entrar aqui, sou até capaz de matá-lo. Eu valho uma fortuna.

O Bolinha, na janela, enfiou a cabeça entre as patas e pensou:

— Ele está certo. Eu não mordo ninguém, não espanto nem assusto ninguém. Sou um bobinho....

Os olhos do Bolinha ficaram tristes. Quietinho, ficou pensando no Rex, tão importante...

Marina, que estava tirando uma sonequinha, acordou sobressaltada. Sonhara com Rex e com Bolinha e entendera tudo o que estava se passando com eles. Levantou-se, carregou o Bolinha, abraçando-o e beijando-o. Voltou a deitar na rede com ele e falou:

— O Rex é importante, mas você é mais ainda, porque você me dá amor.

Bolinha olhou espantado para a menina e esta continuou:

— Você, Bolinha, é humilde, e eu gosto dos humildes.

No mesmo dia, Marina foi passear com os pais. A quem escolheu para levar consigo? Você sabe e eu também.

Rex continuou solto no jardim, tomando conta da casa.

Reflexão: *Também aos olhos de Deus, a pessoa que se gaba de justo e cheio de virtudes, perde de quem reconhece seus limites e fica na humildade...*

UMA PEQUENA SANTA

31º DOMINGO DO TEMPO COMUM
(Lc 19,1-10)

Naquele tempo, [1]Jesus tinha entrado em Jericó e estava atravessando a cidade. [2]Havia ali um homem chamado Zaqueu, que era chefe dos cobradores de impostos e muito rico.

[2]Zaqueu procurava ver quem era Jesus, mas não conseguia, por causa da multidão, pois era muito baixo. [4]Então ele correu à frente e subiu numa figueira para ver Jesus, que devia passar por ali.

[5]Quando Jesus chegou ao lugar, olhou para cima e disse: "Zaqueu, desce depressa! Hoje eu devo ficar na tua casa".

[6]Ele desceu depressa e recebeu Jesus com alegria. [7]Ao ver isso, todos começaram a murmurar, dizendo: "Ele foi hospedar-se na casa de um pecador!?"

[8]Zaqueu ficou de pé e disse ao Senhor: "Senhor, eu dou a metade dos meus bens aos pobres, e se defraudei alguém, vou devolver quatro vezes mais".

[9]Jesus lhe disse: "Hoje a salvação entrou nesta casa, porque também este homem é um filho de Abraão. [10]Com efeito, o Filho do Homem veio procurar e salvar o que estava perdido".

— Palavra da Salvação.

— Glória a vós, Senhor!

(A um gesto da Animadora todos dirão: TERESINHA)

Em nossa meiga Teresinha encontramos tudo o que devemos ter para sermos santos também: Amor, fé, confiança em Deus.

Teresinha dedicou-se a Deus com Amor total, sem limites. Nós podemos parecer-nos com Teresinha se sentirmos que o Amor a Deus é mais importante que tudo.

Teresinha venceu todas as dificuldades para ser freira, seu grande ideal, porque queria encontrar-se com Deus, trabalhar em silêncio, rezar pelos outros. Quando nos dedicamos a Deus, quando amamos e rezamos por todos somos parecidos com Teresinha.

Teresinha dizia sempre:

— A felicidade não é possuir castelos dourados, escadarias de mármore e tapetes de seda. A felicidade não está nos objetos que nos cercam, a felicidade está dentro de nós.

E nós? Somos felizes com o que temos? Somos felizes por ter um grande amigo que é Jesus?

Então, amiguinhos, somos parecidos com Teresinha. A querida jovem, meiga e bondosa Teresinha nunca dizia não a quem precisasse dela. A qualquer hora e em qualquer situação, ela dizia sim.

— O evangelho ensina-me a amar o próximo, ajudando-o sempre.

E nós? Ajudamos e amamos nossos amigos, nossos colegas, nossos vizinhos, nossos pais, nossas catequistas, nossos mestres? Se fazemos isso tudo, somos parecidos com Teresinha!

A jovem Santa Teresinha tinha uma grande inspiração: Maria de Nazaré, a Mãe do céu, e procurava ser humilde, ser obediente, ser silenciosa como a Virgem Maria.

E nós criancinhas, amamos também Nossa Senhora? Pedimos a ela todos os dias? Procuramos ser obedientes, humildes e não falar bobagens? Então é porque desejamos ser parecidos com nossa santinha.

Teresinha não nasceu santa: aos pouquinhos ela foi tendo uma vida mais simples e mais dedicada a Deus. E nós? Procuramos cada dia ser melhores que no dia anterior?

Santa Teresinha está conosco!

Todos podemos ser santos: engenheiros, médicos, advogados, professores, enfermeiros, estudantes, mães de família, crianças.

Basta sermos parecidos com Teresinha tendo fé em Deus, humildade nos atos, amor por todos e aprender a dominar-nos com a oração.

Teresinha não passou! Está em nós, de qualquer idade. Teresinha não morreu. Santa Teresinha vive em quem vive por um mundo com mais amor, mais diálogo, mais fraternidade e menos violência!

Reflexão: *Zaqueu era baixinho e precisou subir numa árvore para ver Jesus passar. As crianças também são chamadas de "baixinhas" e gostam de "subir em árvores". Tudo isso nos fez lembrar a figura de Santa Teresinha do Menino Jesus. Ela se santificou fazendo pequenos gestos de amor. Seu jeitinho simples de seguir o divino Mestre ficou conhecido como "Caminho da Infância Espiritual". Zaqueu e Teresinha, grandes amigos de Jesus que poderemos imitar.*

O DEUS DOS VIVOS

32º DOMINGO DO TEMPO COMUM
(Mt 5,1-12a)

Naquele tempo, [1]vendo Jesus as multidões, subiu ao monte e sentou-se. Os discípulos aproximaram-se, [2]e Jesus começou a ensiná-los: [3]"Bem-aventurados os pobres em espírito, porque deles é o Reino dos Céus. [4]Bem-aventurados os aflitos, porque serão consolados. [5]Bem-aventurados os mansos, porque possuirão a terra. [6]Bem-aventurados os que têm fome e sede de justiça, porque serão saciados. [7]Bem-aventurados os misericordiosos, porque alcançarão misericórdia. [8]Bem-aventurados os puros de coração, porque verão a Deus. [9]Bem-aventurados os que promovem a paz, porque serão chamados filhos de Deus. [10]Bem-aventurados os que são perseguidos por causa da justiça, porque deles é o Reino dos Céus! [11]Bem-aventurados sois vós, quando vos injuriarem e perseguirem, e, mentindo, disserem todo tipo de mal contra vós, por causa de mim. [12a]Alegrai-vos e exultai, porque será grande vossa recompensa nos céus".
— Palavra da Salvação.
— Glória a vós, Senhor!

(Jogral)

Lado A:
Somos cristãos seguidores
do bom amigo Jesus,
que nasceu, viveu, morreu,
sofrendo por nós na cruz!

Lado B:
Já que nós somos cristãos,
precisamos compreender
que Deus é nosso Pai
e quer nos proteger!

Lado A:
Muitas vezes nós sofremos
se não somos entendidos.
Calma, calma, minha gente,
Deus ajuda os vencidos!

Lado B:
Quando perdemos algo,
Deus está a nosso lado,
com seu braço poderoso.
Para sempre seja louvado!

Lado A:
Deus nos ama tanto, tanto,
quer cuidar de nosso bem.
É para nós seu carinho
e sua bênção também!

Lado B:
Ele é o Deus de Jacó,
de Isaac e de Abraão.
Ele é o Deus dos vivos,
que com ele sempre estão!

Lado A:
Os vivos que forem justos
e morrerem com muita fé,
logo irão ressuscitar
com Maria e José!

Lado B:
Sejam homens ou mulheres,
quando Deus os chamar
não se casarão de novo,
serão anjos a cantar!

Lado A e B:
Cantar glória ao Senhor,
cantar louvor a Maria.
Lá no céu há só amor,
luz, beleza e alegria!

Reflexão: *Jesus nos apresenta o Pai do Céu, que é o Pai da Vida e não da morte. Ele nos prepara para a ressurreição, de modo que mesmo depois da morte, nós viveremos nele. Esta é nossa fé e esta é nossa esperança.*

Precisamos ter Confiança na Palavra de Deus que nos promete a vida eterna. Precisamos falar de Deus a todos os amigos especialmente aos que andam sem esperança, sem alegria!

A IRA DOS CÉUS

33º DOMINGO DO TEMPO COMUM
(Lc 21,5-19)

Naquele tempo, [5]algumas pessoas comentavam a respeito do Templo que era enfeitado com belas pedras e com ofertas votivas.

Jesus disse: [6]"Vós admirais estas coisas? Dias virão em que não ficará pedra sobre pedra. Tudo será destruído".

[7]Mas eles perguntaram: "Mestre, quando acontecerá isto? E qual vai ser o sinal de que estas coisas estão para acontecer?"

[8]Jesus respondeu: "Cuidado para não serdes enganados, porque muitos virão em meu nome, dizendo: 'Sou eu!' e ainda: 'O tempo está próximo'. Não sigais essa gente! [9]Quando ouvirdes falar de guerras e revoluções, não fiqueis apavorados. É preciso que estas coisas aconteçam primeiro, mas não será logo o fim".

[10]E Jesus continuou: "Um povo se levantará contra outro povo, um país atacará outro país. [11]Haverá grandes terremotos, fomes e pestes em muitos lugares; acontecerão coisas pavorosas e grandes sinais serão vistos no céu.

[12]Antes, porém, que estas coisas aconteçam, sereis presos e perseguidos; sereis entregues às sinagogas e postos na prisão; sereis levados diante de reis e governadores por causa do meu nome. [13]Esta será a ocasião em que testemunhareis vossa fé.

[14]Fazei o firme propósito de não planejar com antecedência a própria defesa; [15]porque eu vos darei palavras tão acertadas, que nenhum dos inimigos vos poderá resistir ou rebater. [16]Sereis entregues até mesmo pelos próprios pais, irmãos, parentes e amigos. E eles matarão alguns de vós.

[17]Todos vos odiarão por causa do meu nome. [18]Mas vós não perdereis um só fio de cabelo da vossa cabeça.

[19]É permanecendo firmes que ireis ganhar a vida!"

— Palavra da Salvação.

— Glória a vós, Senhor!

O Rei Leão estava preocupado, muito preocupado. Seu reino estava cheio de súditos interesseiros. Muitos só queriam saber de dinheiro e poucos pensavam nos outros.

Certa vez, a Raposa convidou-o para ir a sua gruta, que era a mais rica da região.

— Vem, Majestade! Ficará deslumbrado com as riquezas que consegui obter.

O Rei Leão rugiu mas acompanhou a raposa até a gruta que em vez de pedras comuns era recoberta de esmeraldas, rubis, safiras, pérolas... No chão viam-se barras de ouro e até de platina.

O Rei Leão não disse nada, mas rugiu bem forte e retirou-se da gruta.

Mais adiante encontrou o Castor.

— Majestade, venha ver o que fiz.

Os dois puseram-se a caminho e, lá no rio, pararam.

— Aí está, Majestade!

O Rei Leão sacudiu a juba:

— Foste tu que fizeste este dique?

— Sim, Majestade.

— Por que o fizeste?

— Pensei nos bichinhos do teu reino.

— Como?

— Se chover muito, Rei Leão, o rio vai subir e inundará as casas, os campos, os jardins e as praças. Muitos perderão o que possuem.

— Fizeste esta obra sozinho?

— Sim, Majestade, ajudado por minha grande família.

O Rei Leão rugiu forte. Um rugido diferente. Um rugido alegre!

Finalmente ele tinha encontrado alguém que gostava de servir. Vivia para servir... Naquela noite, o vento soprou com força, o céu escureceu e caiu uma chuva torrencial durante horas.

A gruta da raposa foi invadida pela chuva que levou toda a sua riqueza. Ela mesma sumiu nas águas turbulentas.

Em compensação o dique do Castor resistiu à torrente e ao vento.

Após o temporal, o Rei Leão viu que a fortuna da Raposa tinha sumido, enquanto o Castor fora poupado, com toda a sua família.

Reflexão: *Não devemos "viver" para ganhar dinheiro. As riquezas de nada adiantam para a vida eterna. Só levaremos as boas ações que praticarmos.*

CRISTO REI

SOLENIDADE
DE N. S. JESUS CRISTO,
REI DO UNIVERSO
(Lc 23,35-43)

Naquele tempo, [35]os chefes zombavam de Jesus dizendo: "A outros ele salvou. Salve-se a si mesmo, se, de fato, é o Cristo de Deus, o Escolhido!" [36]Os soldados também caçoavam dele; aproximavam-se, ofereciam-lhe vinagre, [37]e diziam: "Se és o rei dos judeus, salva-te a ti mesmo!" [38]Acima dele havia um letreiro: "Este é o Rei dos Judeus".

[39]Um dos malfeitores crucificados o insultava, dizendo: "Tu não és o Cristo? Salva-te a ti mesmo e a nós!" [40]Mas o outro o repreendeu, dizendo: "Nem sequer temes a Deus, tu que sofres a mesma condenação? [41]Para nós, é justo, porque estamos recebendo o que merecemos; mas ele não fez nada de mal". [42]E acrescentou: "Jesus, lembra-te de mim, quando entrares no teu reinado". [43]Jesus lhe respondeu: "Em verdade eu te digo: ainda hoje estarás comigo no Paraíso".
— Palavra da Salvação.
— Glória a vós, Senhor!

(Dramatização)

Personagens: Jesus – Seis chefes – Seis soldados – Dois criminosos – Assembleia.

Caracterizações: Seis túnicas para os Chefes e para Jesus – Seis chapéus de soldado (feitos de jornal ou papel pardo) – Dois lençóis para os criminosos – Uma faixa onde se leia: "Este é o Rei dos Judeus".

Desenvolvimento: Em cena, todos os participantes, em grupos. O 1º é o dos chefes. O 2º dos soldados. O 3º dos dois criminosos. Jesus está em outro plano. Poderão ser feitas 3 cruzes de papelão para Jesus e os dois criminosos.

Chefes:

1º — Tu, Jesus, salvaste muita gente. Está na hora de salvar a ti mesmo.

2º — Tu não és o Messias?

3º — Tu não és o escolhido de Deus?

4º — Se não puderes salvar-te, não és o Filho de Deus.

5º — Mentiste! Não és o Messias.

6º — És igual a nós.

(Os chefes e os soldados falam em voz alta:)
— Este é o Rei dos Judeus.
(Um dos criminosos grita:)
— Não és o Messias? Salva-te a ti mesmo e a nós.
(O segundo criminoso replica:)
— Tu não tens medo de Deus? Ele é Deus. Por que vai sofrer por nós?
(O 1º Criminoso repete:)
— Se Ele não tem poder para se salvar, não é Deus.
(O 2º Criminoso repete:)
— Tu blasfemas. Tu não tens medo do que vai acontecer?
(1º Criminoso:)
— Estou certo. Se Ele não se salvar, não é o Messias!
(2º Criminoso:)
— Ele está sofrendo por nós. Ele dá sua vida por nós. Nós merecemos morrer na cruz. Ele não!
(1º Criminoso:)
— Eu também não mereço ser crucificado.
(2º Criminoso:)
— Nós dois fizemos muitas coisas erradas. Ele, não! Ele não merece ser crucificado. Ele não fez nada de mal.
(O 2º Criminoso olhou para Jesus e falou bem alto:)
— Jesus, lembra-te de mim, quando começares a reinar.
(Jesus respondeu:)
— Em verdade, eu te digo: Hoje estarás comigo no paraíso.
(Os soldados, os chefes, caem de joelhos. Jesus morre. Ouve-se um barulho de vento. Jesus sai da cruz e caminha por entre a assembleia que grita:)
— *Jesus, salve-nos também! Jesus, salve-nos!*

Reflexão: *(Todos)* *Jesus é nosso Rei* *E nosso Salvador* *Ele venceu a morte* *Com a força do amor.*	*Jesus vem trazendo* *A libertação* *A quem sabe amar* *De bom coração.*	*Jesus sempre vence* *O inferno e a morte* *De todos os reis* *Ele é o mais forte!*

IMACULADA CONCEIÇÃO

8 de dezembro
IMACULADA CONCEIÇÃO
DE NOSSA SENHORA
(Lc 1,26-38)

Naquele tempo, ²⁶no sexto mês, o anjo Gabriel foi enviado por Deus a uma cidade da Galileia, chamada Nazaré, ²⁷a uma virgem, prometida em casamento a um homem chamado José. Ele era descendente de Davi e o nome da Virgem era Maria.

²⁸O anjo entrou onde ela estava e disse: "Alegra-te, cheia de graça, o Senhor está contigo!"

²⁹Maria ficou perturbada com estas palavras e começou a pensar qual seria o significado da saudação.

³⁰O anjo, então, disse-lhe: "Não tenhas medo, Maria, porque encontraste graça diante de Deus. ³¹Eis que conceberás e darás à luz um filho, a quem porás o nome de Jesus. ³²Ele será grande, será chamado Filho do Altíssimo, e o Senhor Deus lhe dará o trono de seu pai Davi. ³³Ele reinará para sempre sobre os descendentes de Jacó, e o seu reino não terá fim".

³⁴Maria perguntou ao anjo: "Como acontecerá isso, se eu não conheço homem algum?"

³⁵O anjo respondeu: "O Espírito virá sobre ti, e o poder do Altíssimo te cobrirá com sua sombra. Por isso, o menino que vai nascer será chamado Santo, Filho de Deus. ³⁶Também Isabel, tua parenta, concebeu um filho na velhice. Este já é o sexto mês daquela que era considerada estéril, ³⁷porque para Deus nada é impossível".

³⁸Maria, então, disse: "Eis aqui a serva do Senhor; faça-se em mim segundo a tua palavra!"

E o anjo retirou-se.
— Palavra da Salvação.
— **Glória a vós, Senhor!**

(Pantomima acompanhada de Jogral)

Crianças

Deus enviou o anjo
que se chamava Gabriel
à cidade de Nazaré,
obedeceu o anjo fiel!

O anjo tinha por missão
a Virgem Maria encontrar.
E Gabriel apareceu
onde a Virgem estava a rezar!

CENA: *O Anjo se aproxima de Maria.*

Anjo

Ave, Maria, cheia de graça!
muito amável e obediente!
tu és jovem abençoada,
generosa e paciente!

Terás um Filho, Maria,
que Jesus será chamado.
Jesus será importante,
Filho de Deus abençoado.

CENA: *Maria faz gesto de espanto. Abana a cabeça sem entender.*

Anjo

Vou te explicar, ó Maria!
Não fiques tão assustada!
O Espírito Santo virá
e tu serás abençoada.

Terás, Maria, um Filho,
Filho de Deus Ele é!
É um milagre, ó Maria:
milagre de amor e de fé.

Maria (voz feminina)
Eis-me aqui! Estou pronta!
Sou a escrava do Senhor.
Eu digo SIM, obedeço!
Obedeço com amor!

Todos

Ó Maria, Mãe de Deus,
queremos contigo parecer:
obedientes e fiéis,
e na alegria viver.

Protege-nos, Mãe de Deus,
Mãe do céu carinhosa!
Protege-nos com teu manto,
dá-nos tua mão generosa!

(Palavras do celebrante sobre a Imaculada)

MEUS OLHOS VIRAM TUA SALVAÇÃO

2 de fevereiro
FESTA DA APRESENTAÇÃO DO SENHOR
(Lc 2,22-40)

[22] Quando se completaram os dias para a purificação da mãe e do filho, conforme a lei de Moisés, Maria e José levaram Jesus a Jerusalém, a fim de apresentá-lo ao Senhor. [23] Conforme está escrito na lei do Senhor: "Todo primogênito do sexo masculino deve ser consagrado ao Senhor".

[24] Foram também oferecer o sacrifício — um par de rolas ou dois pombinhos — como está ordenado na Lei do Senhor. [25] Em Jerusalém, havia um homem chamado Simeão, o qual era justo e piedoso, e esperava a consolação do povo de Israel. O Espírito Santo estava com ele [26] e lhe havia anunciado que não morreria antes de ver o Messias que vem do Senhor.

[27] Movido pelo Espírito, Simeão veio ao Templo. Quando os pais trouxeram o menino Jesus para cumprir o que a Lei ordenava, [28] Simeão tomou o menino nos braços e bendisse a Deus: [29] "Agora, Senhor, conforme a tua promessa, podes deixar teu servo partir em paz; [30] porque meus olhos viram a tua salvação, [31] que preparaste diante de todos os povos: [32] luz para iluminar as nações e glória do teu povo Israel".

[33] O pai e a mãe de Jesus estavam admirados com o que diziam a respeito dele. [34] Simeão os abençoou e disse a Maria, a mãe de Jesus: "Este menino vai ser causa tanto de queda como de reerguimento para muitos em Israel. Ele será um sinal de contradição. [35] Assim serão revelados os pensamentos de muitos corações. Quanto a ti, uma espada te traspassará a alma".

[36] Havia também uma profetisa, chamada Ana, filha de Fanuel, da tribo de Aser. Era de idade muito avançada; quando jovem, tinha sido casada e vivera sete anos com o marido. [37] Depois ficara viúva, e agora já estava com oitenta e quatro anos. Não saía do Templo, dia e noite servindo a Deus com jejuns e orações. [38] Ana chegou nesse momento e pôs-se a louvar a Deus e a falar do menino a todos os que esperavam a libertação de Jerusalém.

[39] Depois de cumprirem tudo, conforme a Lei do Senhor, voltaram à Galileia, para Nazaré, sua cidade. [40] O menino crescia e tornava-se forte, cheio de sabedoria; e a graça de Deus estava com ele.

JESUS É APRESENTADO NO TEMPLO DE JERUSALÉM

Como era de costume naquela época, os meninos deveriam ser levados pelos pais à igreja, a fim de serem apresentados e consagrados a Deus.

Assim, Jesus foi levado por Maria e José, obedecendo à Lei de Moisés.

Na Lei de Moisés estava escrito que todo primeiro filho (menino) deve ser consagrado a Deus, na Igreja. Por essa ocasião, deve ser oferecido em sacrifício um par de rolas ou de pombinhas.

Na época da Apresentação de Jesus, havia um homem muito bom, justo e piedoso, chamado Simeão. Ele era idoso, mas tinha certeza que não morreria antes de ver o Menino Jesus, a "Luz" do Mundo, que nasceria em breve!

Simeão esperava com paciência esse momento, pois o Divino Espírito Santo fizera para ele esta revelação: "Você só morrerá depois de ver Jesus Cristo".

Simeão aguardou esse momento, pacientemente...

Certo dia, o Divino Espírito Santo segredou-lhe:

— Venha, Simeão, ao Templo, porque chegou a hora que você tanto esperava: Jesus será apresentado por Maria e José.

Simeão obedeceu.

E, no templo, depois do rito da lei, Simeão aproximou-se do menino. Tomou-o nos braços e, emocionado, falou:

— Agora, meu Deus, eu posso morrer em paz, porque pude ver o Menino "Luz" que veio para iluminar as nações e para a glória de Israel.

APRESENTAÇÃO DE JESUS
(Dramatização)

Personagens: Maria, José, Jesus, Simeão, Ana, Narrador, uma voz.

Narrador: A Lei de Moisés dizia que se o primeiro filho fosse menino, deveria ser consagrado ao Senhor. Foi por isso que Maria e José levaram Jesus ao templo.

Maria: Vamos, José, vamos ao templo.

José: Sim, Maria, precisamos apresentar Jesus! Levaremos dois pássaros para sacrificá-los.

Narrador: E assim Maria e José puseram-se a caminho. Eles foram para...? *(Entra uma criança levando uma faixa branca, onde está escrito "Jerusalém").*

Narrador: Em Jerusalém, vivia o velho Simeão.

Voz: Simeão, Simeão, saia ao encontro de alguém para se chamar *Jesus!*

Simeão: Será ele o Salvador?

Voz: Sim! Vá ao templo! *(Entra outra criança com outro cartaz, onde está escrito "Templo").*

Narrador: Simeão vê Maria, José e o Menino, e corre ao encontro deles.

Simeão: É Jesus! É nosso Salvador!

Narrador: Simeão segura Jesus nos braços.

Simeão: Senhor, agora posso morrer em paz, pois vi o Salvador, que é a *Luz* do mundo!

Narrador: José e Maria ficaram admirados porque Simeão já sabia quem era Jesus. Simeão se aproxima de Maria e fala:

Simeão: Maria, esse menino será odiado e amado por muitos. E você sofrerá com isso.

Narrador: Simeão se retira e entra a profetisa Ana, uma velhinha muito simpática.

Ana: Obrigada, Senhor, pela vinda do Salvador da humanidade.

Narrador: Depois de tudo isso, Jesus, Maria e José voltaram para Nazaré. Foi lá que Jesus cresceu, se robusteceu e se preparou para proclamar a Boa Notícia da salvação da humanidade.

(Terminar com um canto natalino.)

JOÃO É SEU NOME

24 de junho
NATIVIDADE DE SÃO JOÃO BATISTA
(Lc 1,57-66.80)

[57]Completou-se o tempo da gravidez de Isabel, e ela deu à luz um filho. [58]Os vizinhos e parentes ouviram dizer como o Senhor tinha sido misericordioso para com Isabel, e alegraram-se com ela. [59]No oitavo dia, foram circuncidar o menino, e queriam dar-lhe o nome de seu pai, Zacarias. [60]A mãe, porém, disse: "Não! Ele vai chamar-se João". [61]Os outros disseram: "Não existe nenhum parente teu com esse nome!"

[62]Então fizeram sinais ao pai, perguntando como ele queria que o menino se chamasse.

[63]Zacarias pediu uma tabuinha, e escreveu: "João é seu nome". E todos ficaram admirados.

[64]No mesmo instante, a boca de Zacarias se abriu, sua língua se soltou, e ele começou a louvar a Deus. [65]Todos os vizinhos ficaram com medo, e a notícia espalhou-se por toda a região montanhosa da Judeia.

[66]E todos os que ouviam a notícia, ficavam pensando: "O que virá a ser este menino?" De fato, a mão do Senhor estava com ele. [80]E o menino crescia e se fortalecia em espírito. Ele vivia nos lugares desertos, até ao dia em que se apresentou publicamente a Israel.

— Palavra da Salvação.
— **Glória a vós, Senhor!**

QUEM ERA JOÃO BATISTA?

Zacarias, sacerdote da Judéia, e sua esposa Isabel já eram bem velhos e não tinham filhos.

Um dia, o Anjo Gabriel apareceu a Zacarias:

— Você terá um filho. Ele deverá chamar-se João, que significa "Deus propício, isto é, Deus favorável". João lhe dará muitas alegrias. Muita gente ficará feliz por causa de seu filho. João será muito importante para Deus. O Espírito Santo estará com João, mesmo antes de ele nascer. João chamará o povo e o conduzirá para Deus. Ele terá muito amor e poder.

Zacarias não acreditou no Anjo Gabriel, e perguntou:
— Como posso ter certeza de tudo isso?
Zacarias duvidou. Não teve fé. Ele ficou mudo naquele instante, e só se comunicou novamente quando nasceu seu filho e ele escreveu na tábua: "João é o nome de meu filho".
Neste instante, Deus perdoou Zacarias e ele voltou a falar.

João foi bebê, criança, jovem e adulto, e com ele cresceu sua fé.
Passou a viver no deserto, cobrindo o corpo com peles de animais e alimentando-se de mel e de gafanhotos.
João dizia a todos os que encontrava:
— Eu anuncio a chegada do Senhor. Ele virá em breve. Eu não mereço nem desamarrar suas sandálias!
Um dia, Jesus apareceu a João, que logo falou:
— É este. É ele. É ele o que tira o pecado das pessoas. Ele é o Filho de Deus!
A pedido de Jesus, João batizou-o no Rio Jordão. João passou a chamar-se Batista — aquele que batiza.
Como João não permitia maldades, farras, vícios, orgias, não foi aceito pelo rei Herodes, que mandou prendê-lo, para ser martirizado e morto.
João morreu no dia 29 de agosto, mas o mundo inteiro festeja o dia de seu aniversário, 24 de junho, em vez de festejar o dia da morte, como era de costume.
As festas em homenagem a São João Batista são lindas.
Festejando São João Batista, o último profeta e o primeiro apóstolo de Jesus, as crianças cantam alegremente: "Capelinha de melão é de São João. É de cravo, é de rosa, é de manjericão!"

Reflexão: *Festejamos com carinho a natividade, isto é, o nascimento de João Batista. Pensemos nele como o mensageiro de Deus para anunciar a vinda de seu primo Jesus, o Messias, o Salvador do mundo!*

SÃO PEDRO e SÃO PAULO

29 de junho
SÃO PEDRO
E SÃO PAULO

(Mt 16,13-19)

Naquele tempo, [13]Jesus foi à região de Cesareia de Filipe e ali perguntou aos seus discípulos: "Quem dizem os homens ser o Filho do Homem?" [14]Eles responderam: "Alguns dizem que é João Batista; outros que é Elias; outros ainda, que é Jeremias ou algum dos profetas". [15]Então Jesus lhes perguntou: "E vós, quem dizeis que eu sou?" [16]Simão Pedro respondeu: "Tu és o Messias, o Filho do Deus vivo". [17]Respondendo, Jesus lhe disse: "Feliz és tu, Simão, filho de Jonas, porque não foi um ser humano que te revelou isso, mas o meu Pai que está no céu. [18]Por isso eu te digo que tu és Pedro, e sobre esta pedra construirei minha Igreja, e o poder do inferno nunca poderá vencê-la. [19]Eu te darei as chaves do Reino dos Céus: tudo o que tu ligares na terra será ligado nos céus; tudo o que tu desligares na terra será desligado nos céus".

— Palavra da Salvação.

— **Glória a vós, Senhor!**

Uma das mais antigas festas católicas é a de São Pedro e São Paulo, mártires e santos.

Inicialmente, celebravam-se três Missas. A primeira na basílica de São Pedro, no Vaticano; a segunda na basílica de São Paulo, fora do Vaticano, e a terceira nas catacumbas de São Sebastião, onde estavam guardadas as relíquias dos dois santos.

Além da festa de 29 de junho há a de 25 de janeiro, conversão de São Paulo, a de 18 de novembro em homenagem às basílicas de São Pedro e São Paulo.

No Brasil, a festa de São Paulo acontece em 25 de janeiro, porque a cidade de São Paulo, capital do Estado de São Paulo, foi fundada nesse dia, em 1554, e por isso é feriado naquela cidade. Há missas festivas em todas as igrejas homenageando São Paulo.

Mas... quem foi São Pedro? Quem foi São Paulo?

São Paulo, o humilde Paulo, dizia sempre: "Eu trabalhei mais do que todos os apóstolos, mas sou o menor deles; eu não mereço ser chamado apóstolo". Paulo é santo: ele viu o Senhor e testemunhou a ressurreição de Jesus. É um apóstolo. Passou a pertencer a Jesus quando, a caminho de Damasco, vencido por este, perguntou-lhe: "Que queres que eu faça, Jesus?" Daí em diante Paulo, antes Saulo, passou a falar de Jesus, da fé. Ele escreveu catorze epístolas, verdadeiras obras de amor. Dizia sempre: "Jesus teve pena de mim, grande pecador". Ele quis mostrar aos pecadores que todos, tendo fé, podem alcançar a vida eterna.

O primeiro nome de São Pedro foi Simão. Quem o chamou de Pedro foi Jesus que o considerava uma "rocha" ou uma "pedra". Pedro era forte e também franco e o primeiro a dizer: "Jesus é o Salvador dos homens, o Filho de Deus Vivo". No entanto, mostrando-nos que só Deus é perfeito, Pedro negou três vezes conhecer Jesus. Este o perdoou porque o amava muito. Após sua morte, Jesus apareceu a Pedro, perguntou-lhe se o amava e pediu-lhe que fosse o chefe do rebanho (Jesus referia-se ao rebanho de pessoas...). Pedro foi, assim, o primeiro papa, e o dia 29 de junho, dia de São Pedro e São Paulo, é também o dia do Papa.

Reflexão: Pedro foi o primeiro papa, e Paulo, o apóstolo corajoso que também deu a vida por Jesus. Hoje é a festa do papa, sucessor de Pedro, como chefe de Cristo. Rezemos pelo papa ... (as crianças dizem o nome).
Pediremos a Jesus a graça de ser firmes na Fé, na Esperança e no Amor!

ESTE É MEU FILHO AMADO

6 de agosto
TRANSFIGURAÇÃO DO SENHOR
(Lc 9,28b-36)

Naquele tempo, [28b]Jesus levou consigo Pedro, João e Tiago, e subiu à montanha para rezar. [29]Enquanto rezava, seu rosto mudou de aparência e sua roupa ficou muito branca e brilhante.

[30]Eis que dois homens estavam conversando com Jesus: eram Moisés e Elias. [31]Eles apareceram revestidos de glória e conversavam sobre a morte, que Jesus iria sofrer em Jerusalém. [32]Pedro e os companheiros estavam com muito sono. Ao despertarem, viram a glória de Jesus e os dois homens que estavam com ele.

[33]E quando estes homens se iam afastando, Pedro disse a Jesus: "Mestre, é bom estarmos aqui. Vamos fazer três tendas: uma para ti, outra para Moisés e outra para Elias".

Pedro não sabia o que estava falando, quando apareceu uma nuvem que os cobriu com sua sombra. Os discípulos ficaram com medo ao entrarem dentro da nuvem.

[35]Da nuvem, porém, saiu uma voz que dizia: "Este é o meu Filho, o Escolhido. Escutai o que ele diz!"

[36]Enquanto a voz ressoava, Jesus encontrou-se sozinho. Os discípulos ficaram calados e naqueles dias não contaram a ninguém nada do que tinham visto.

— Palavra da Salvação.
— **Glória a vós, Senhor.**

A TRANSFORMAÇÃO DE CRIS

Lá, no alto do céu, onde moram as estrelas, a Lua e os outros planetas, estavam quatro estrelinhas: Kiti, Niki, Liki e Cris.

As quatro estrelinhas passeavam no céu, entre as nuvens mais altas, ora se escondiam em nuvens escuras, ora deslizavam em nuvens claras.

De vez em quando, elas se afastavam umas das outras, mas logo se encontravam.

Em certo momento, Cris afastou-se e começou a brilhar mais forte; era uma luz tão clara e linda que as outras estrelinhas se assustaram.

— Cris, o que lhe aconteceu? — gritaram as três em uma só voz.

No mesmo instante surgiram mais duas estrelinhas ao lado de Cris, que brilhavam muito e encantavam as três estrelinhas.

— Oh! Que linda visão! — disseram Kiti e Niki.

— Fiquem conosco. Seremos seis lindas estrelas passeando no céu! Juntem-se a nós — falou Liki, deslumbrada diante da beleza das três estrelas a sua frente.

Para o espanto delas, surgiu no firmamento um cometa cruzando o espaço e, com um som solene, deu sua mensagem:

— Essa estrelinha, Cris, é minha filha, eu a amo muito. Ela tem a missão de iluminar todos os povos, orientar os caminhos do céu. Ela é minha filha amada.

Quando o cometa passou, as outras duas estrelas haviam desaparecido. Voltou tudo a ser como era antes, e as quatro estrelinhas continuaram seu caminho como grandes amigas que eram.

Reflexão: A historinha de hoje nos ensina que todos os que se aproximam de uma grande luz ficam iluminados. Assim, no Evangelho, os que estavam próximos de Jesus se maravilharam com sua luz, e quem se aproximou da luz não quis voltar à escuridão. Guardemos esta mensagem para que nós caminhemos sempre em direção ao brilho de Jesus.

Hoje, comemoramos o momento em que Jesus se reveste de sua divindade para nos mostrar que é Filho de Deus.

ASSUNÇÃO DE MARIA

15 de agosto
ASSUNÇÃO DE NOSSA SENHORA
(Lc 1,39-56)

Naqueles dias, [39]Maria partiu para a região montanhosa, dirigindo-se, apressadamente, a uma cidade da Judéia. [40]Entrou na casa de Zacarias e cumprimentou Isabel. [41]Quando Isabel ouviu a saudação de Maria, a criança pulou no seu ventre e Isabel ficou cheia do Espírito Santo. [42]Com um grande grito, exclamou: "Bendita és tu entre as mulheres e bendito é o fruto do teu ventre! [43]Como posso merecer que a mãe do meu Senhor me venha visitar? [44]Logo que a tua saudação chegou aos meus ouvidos, a criança pulou de alegria no meu ventre. [45]Bem-aventurada aquela que acreditou, porque será cumprido o que o Senhor lhe prometeu".

[46]Então Maria disse: "A minha alma engrandece o Senhor, [47]e o meu espírito se alegra em Deus, meu Salvador, [48]porque olhou para a humildade de sua serva. Doravante todas as gerações me chamarão bem-aventurada, [49]porque o Todo-poderoso fez grandes coisas em meu favor. Seu nome é santo, [50]e sua misericórdia se estende, de geração em geração, a todos os que o respeitam. [51]Ele mostrou a força de seu braço: dispersou os soberbos de coração. [52]Derrubou do trono os poderosos e elevou os humildes. [53]Encheu de bens os famintos, e despediu os ricos de mãos vazias. [54]Socorreu Israel, seu servo, lembrando-se de sua misericórdia, [55]conforme prometera aos nossos pais, em favor de Abraão e de sua descendência, para sempre".

[56]Maria ficou três meses com Isabel; depois voltou para casa. — Palavra da Salvação.

— Glória a vós, Senhor!

Grupo A:
Assunção, meus amiguinhos
"subida ao céu" quer dizer.
Assunção de Nossa Senhora
vamos hoje reviver.

Grupo B:
Nossa Mãe foi para o céu:
Deus assim determinou.
Seu corpo não ficou na terra,
porque Deus a abençoou.

Grupo A:
Seu corpo abençoado
lá pro céu ele levou.
Maria, Mãe de Jesus,
Jesus que a todos salvou.

Grupo B:
Ave, Mãe cheia de graça,
pois de ti Jesus nasceu!
Mas agora com alegria
estás sempre lá no céu.

Grupo A:
Ave, ó linda Senhora!
Vem visitar nossa terra!
Vem proteger teu povo
do mal, da fome e da guerra!

Grupo B:
Mãe de todos os homens,
doce, suave e forte!
Leva-nos para o céu
na hora da nossa morte!

Reflexão: *Maria, nossa Mãe, foi glorificada por Deus. Ela está no céu também com seu corpo porque em seu corpo nasceu Jesus. Lá do céu, Maria, a Mãe do Filho de Deus, continua nos protegendo e nos ajudando.*

Maria nos pede que rezemos, por exemplo, o terço, todos os dias. Vamos atendê-la!

DEUS ENVIOU SEU FILHO

14 de setembro

EXALTAÇÃO DA SANTA CRUZ

(Jo 3,13-17)

Naquele tempo, disse Jesus a Nicodemos: [13]Ninguém subiu ao céu, a não ser aquele que desceu do céu, o Filho do Homem. [14]Do mesmo modo como Moisés levantou a serpente no deserto, assim é necessário que o Filho do Homem seja levantado, [15]para que todos os que nele crerem tenham a vida eterna. [16]Pois Deus amou tanto o mundo, que deu o seu Filho unigênito, para que não morra todo o que nele crer, mas tenha a vida eterna. [17]De fato, Deus não enviou o seu Filho ao mundo para condenar o mundo, mas para que o mundo seja salvo por ele.

— Palavra da Salvação.

— Glória a vós, Senhor!

COMO CARREGAR A CRUZ

Muitos anos atrás, mais ou menos 1.600 anos, um rei da Pérsia, lá no Oriente, muito longe do Brasil, conquistou a cidade de Jerusalém. Nessa cidade estava a verdadeira Cruz na qual Jesus morreu.

Todos ficaram tristes, porque aquele rei não era cristão e não considerava a Cruz uma relíquia sagrada. Não achava que a Santa Cruz fosse importante.

Nem a colocou bem no alto, para que todos pudessem vê-la e se lembrassem de Cristo, que nela morreu para nos salvar de nossos pecados.

Catorze anos depois, um imperador cristão, chamado Heráclio, derrotou numa guerra o rei da Pérsia e conseguiu de volta a Cruz de Jesus.

Heráclio, muito feliz, resolveu colocar a Cruz em seu devido lugar, isto é, no monte Calvário, onde Jesus tinha morrido. Fez uma grande festa e vestiu-se com roupas riquíssimas, bordadas a ouro e pedras preciosas.

Heráclio carregou a Cruz às costas e iniciou a caminhada para o Calvário, seguido por uma grande procissão. De repente, porém, Heráclio sentiu-se agarrado por uma mão invisível, que não o deixava andar. Ficou nervoso e assustado:

— Que é isso? Por que não posso andar?
Zacarias, o bispo de Jerusalém, vendo o que acontecia, disse ao imperador:
— Heráclio, você não pode carregar a Cruz vestido com essas roupas finas.
Heráclio compreendeu. Trocou suas roupas riquíssimas por uma simples túnica, bem humilde. E assim levou a Cruz de Jesus até o monte Calvário.

Reflexão: Celebramos a Festa da Santa Cruz. A Cruz foi inventada para que nela fossem pendurados os bandidos e malfeitores, e nela eles morressem por causa de suas maldades.
Também Jesus, que era inocente, foi condenado a morrer nela. A Cruz se tornou sinal de nossa salvação, uma vez que foi santificada pelos sofrimentos e pelo sangue de Jesus.

DOZE DE OUTUBRO

12 de outubro
NOSSA SENHORA DA CONCEIÇÃO APARECIDA
(Jo 2,1-11)

Naquele tempo, [1]houve um casamento em Caná da Galileia. A mãe de Jesus estava presente. [2]Também Jesus e seus discípulos tinham sido convidados para o casamento. [3]Como o vinho veio a faltar, a mãe de Jesus lhe disse: "Eles não têm mais vinho".

[4]Jesus respondeu-lhe: "Mulher, por que dizes isto a mim? Minha hora ainda não chegou".

[5]Sua mãe disse aos que estavam servindo: "Fazei o que ele vos disser".

[6]Estavam seis talhas de pedra colocadas aí para a purificação que os judeus costumam fazer. Em cada uma delas cabiam mais ou menos cem litros.

[7]Jesus disse aos que estavam servindo: "Enchei as talhas de água". Encheram-nas até a boca. [8]Jesus disse: "Agora tirai e levai ao mestre-sala". E eles levaram.

[9]O mestre-sala experimentou a água que se tinha transformado em vinho. Ele não sabia de onde vinha, mas os que estavam servindo sabiam, pois eram eles que tinham tirado a água.

[10]O mestre-sala chamou então o noivo e lhe disse: "Todo mundo serve primeiro o vinho melhor e, quando os convidados já estão embriagados, serve o vinho menos bom. Mas tu guardaste o vinho bom até agora!"

[11]Este foi o início dos sinais de Jesus. Ele o realizou em Caná da Galileia e manifestou sua glória, e seus discípulos creram nele.

— Palavra da Salvação.

— **Glória a vós, Senhor!**

(Ciranda)

As crianças cantarão as cirandas sentadas nos bancos; não precisam ficar em círculo.

Todos: Ciranda, cirandinha, vamos todos cirandar.
Vamos dar a meia volta, volta e meia vamos dar.
Ó criança, ó criança, entre dentro desta roda;
diga um verso bem bonito, diga adeus e vá-se embora.

(Recitado)

1ª criança: Neste dia da criança, bate forte o coração: tique-taque, tique-taque, numa suave canção!

2ª criança: Eu peço
a todos os adultos
uma grande compreensão,
que nossas falhas perdoem,
castigo não usem não...

3ª criança: Eu peço
a todos os adultos
ter um pouco mais de amor.
A vida será mais feliz,
a vida terá mais valor.

4ª criança: Eu peço
a todos os adultos
um pouco mais de atenção,
às vezes preciso falar:
por que não me ouvir então?

5ª criança: Eu peço
a todos as adultos
carinho, carinho, carinho.
Para que eu seja feliz,
é este o único caminho.

6ª criança: (menina)
Eu peço a todos os adultos:
não façam cara zangada!
Pois, sem nenhuma razão,
eu posso ficar magoada.

(Cantado)

Grupo A: E agora,
amiguinhos,
pediremos proteção,
de Maria, nossa Mãe,
nesta simples oração:

Grupo B: Ó Senhora
Aparecida,
nosso dia é seu dia.
Uniremos nossa vida
com a sua, Virgem Maria.

Todos: Dê-nos sua proteção,
ó Senhora Aparecida,
para sermos bons cristãos,
com Jesus em nossa vida.

Ó Senhora Aparecida,
Padroeira do Brasil,
nós lhe damos nosso amor,
com carinho e beijos mil.

Reflexão: Recebemos muitas graças de Deus e pela intercessão de Nossa Senhora. Nem sempre somos agradecidos. Lembremo-nos que Deus gosta de conceder-nos seus dons mas gosta também que digamos sempre: Muito obrigado!

Agradeçamos hoje os dons que Deus nos concede. Procuremos pedir também por todas as crianças do Brasil e do mundo inteiro. Que todas sejam felizes!

SERÁ GRANDE VOSSA RECOMPENSA NOS CÉUS

1° de novembro
TODOS OS SANTOS

(Mt 5,1-12a)

Naquele tempo, [1]vendo Jesus as multidões, subiu ao monte e sentou-se. Os discípulos aproximaram-se, [2]e Jesus começou a ensiná-los:

[3]"Bem-aventurados os pobres em espírito, porque deles é o Reino dos Céus.

[4]Bem-aventurados os aflitos, porque serão consolados.

[5]Bem-aventurados os mansos, porque possuirão a terra.

[6]Bem-aventurados os que têm fome e sede de justiça, porque serão saciados.

[7]Bem-aventurados os misericordiosos, porque alcançarão misericórdia.

[8]Bem-aventurados os puros de coração, porque verão a Deus.

[9]Bem-aventurados os que promovem a paz, porque serão chamados filhos de Deus.

[10]Bem-aventurados os que são perseguidos por causa da justiça, porque deles é o Reino dos céus!

[11]Bem-aventurados sois vós, quando vos injuriarem e perseguirem, e, mentindo, disserem todo tipo de mal contra vós, por causa de mim. [12a]Alegrai-vos e exultai, porque será grande a vossa recompensa nos céus".

— Palavra da Salvação.

— Glória a vós, Senhor!

SER SANTO
(Jogral)

1ª criança: O que é ser santo?

1° leitor: É um dever de todos. As pessoas batizadas têm a obrigação de serem santas.

2ª cr.: O que mais é ser santo?

2° leitor: É ser parecido com Jesus.

3ª cr.: O que mais é ser santo?

1º leitor: É dizer sempre "Sim" a Deus.
4ª cr.: O que mais é ser santo?
2º leitor: É amar como Jesus amou.
5ª cr.: O que mais é ser santo?
1º leitor: É amar a todos, sem ter raiva de ninguém, sem ter inveja de ninguém, sem ter mágoa de ninguém.
6ª cr.: O que mais é ser santo?
2º leitor: É perdoar as ofensas e semear a paz no meio do grupo.
7ª cr.: O que mais é ser santo?
1º leitor: É ter um coração de pobre para repartir com os outros as coisas que a gente tem.
8ª cr.: O que mais é ser santo?
2º leitor: É ser amigo de Deus.
9ª cr.: O que mais é ser santo?
1º leitor: É chorar com aqueles que choram, alegrar-se com aqueles que se alegram.
10ª cr.: O que mais é ser santo?
2º leitor: E não somente dar coisas. É também dar amor, amizade, carinho, atenção aos mais necessitados.
11ª cr.: O que mais é ser santo?
1º leitor: É ouvir a Palavra de Deus na Missa e praticá-la na vida.
Todos: Santa Maria, todos os Santos e Santas de Deus, rogai por nós!

> **Reflexão:** *Queremos recordar, hoje, todos os santos da Igreja. Eles são os cristãos que tiveram a coragem de seguir Jesus mais de perto; aqueles que souberam amar, perdoar e servir.*

JESUS ESTAVA FALANDO DO TEMPLO DE SEU CORPO

9 de novembro
DEDICAÇÃO DA BASÍLICA DE SÃO JOÃO DE LATRÃO
(Jo 2,13-22)

¹³Estava próxima a Páscoa dos judeus e Jesus subiu a Jerusalém. ¹⁴No Templo, encontrou os vendedores de bois, ovelhas e pombas e os cambistas que estavam aí sentados. ¹⁵Fez então um chicote de cordas e expulsou todos do Templo, junto com as ovelhas e os bois; espalhou as moedas e derrubou as mesas dos cambistas. ¹⁶E disse aos que vendiam pombas: "Tirai isto daqui! Não façais da casa de meu Pai uma casa de comércio!"
¹⁷Seus discípulos lembraram-se, mais tarde, que a Escritura diz: "O zelo por tua casa me consumirá". ¹⁸Então os judeus perguntaram a Jesus: "Que sinal nos mostras para agir assim?" ¹⁹Ele respondeu: "Destruí, este Templo, e em três dias o levantarei". ²⁰Os judeus disseram: "Quarenta e seis anos foram precisos para a construção deste santuário e tu o levantarás em três dias?" ²¹Mas Jesus estava falando do Templo do seu corpo. ²²Quando Jesus ressuscitou, os discípulos lembraram-se do que ele tinha dito e acreditaram na Escritura e na palavra dele.
— Palavra da Salvação.
— **Glória a vós, Senhor!**

A BASÍLICA DE SÃO JOÃO
(Jogral)

Grupo A: A Basílica de São João de Latrão é importante.
B: Mais importante que ela, somos nós, quando deixamos Jesus viver em nós.
A: Somos templos maiores do que a Basílica de São João de Latrão...
B: ... quando vivemos a *fraternidade*.
Todos: Obrigado, Senhor, pelas vezes que somos templos de Jesus onde vivem todos os irmãos.
A: Tão importante quanto a Basílica de São João de Latrão é todo homem que deixa o *amor* viver em seu coração.
B: Maior que a Basílica de São João de Latrão é o homem que constrói a *paz*.
Todos: Obrigado, Senhor, por todos os homens que por *amor* constroem a *paz*.
A: Mais importante que a Basílica de São João de Latrão é o homem que dá a *vida* por seu irmão.
B: Maior que a Basílica de Latrão é o homem que ajuda o irmão a viver.
Todos: Obrigado, Senhor, pelo homem que dá a *vida* pela *vida* do irmão.
A: Eu quero ser sempre *Templo vivo de Jesus*.
B: Eu quero ser sempre *apoio* para meus irmãos.
Todos: Ajuda-nos, Senhor!
A: Eu quero deixar o *amor* viver em mim.
B: Eu quero ser sempre o construtor da *paz*.
Todos: Ajuda-nos, Senhor!
A: Eu quero ser sempre *força* para meu irmão viver.
B: Eu quero ser sempre *vida* para meu irmão.
Todos: Ajuda-nos, Senhor!

DOCUMENTOS PARA CONSULTAS E ORIENTAÇÕES

1. Diretório para Missas com Crianças – Sagrada Congregação para o clero.

2. Pastoral dos Sacramentos da iniciação cristã.
(Documentos da CNBB - Diretório das Missas com Crianças, p. 113-134 – 3ª edição, Edições Paulinas, 1975.)

3. Pastoral dos Sacramentos. Subsídios Litúrgicos – Catequéticos.
(Comissão de Catequese e Liturgia da Arquidiocese de São Paulo) – Missa das Crianças (Pe. Cláudio Weber, scj - p. 59 a 66.)

4. Instrução sobre Missas para Crianças - 01/74 - Diocese de Nova Friburgo – Dom Clemente José Carlos Isnard, OSB, bispo de Nova Friburgo (transcrição da respectiva instrução).

ÍNDICE

Apresentação 5
Tempo do Advento
1º DOMINGO DO ADVENTO
Jesus vai chegar 6
2º DOMINGO DO ADVENTO
João Batista prepara o caminho de Jesus 8
3º DOMINGO DO ADVENTO
Vivamos o Reino de Deus 10
4º DOMINGO DO ADVENTO
Maria, Mãe do Filho de Deus 12
Tempo do Natal
CELEBRAÇÃO DO NATAL
Nasceu o Salvador 15
FESTA DA SAGRADA FAMÍLIA
Entre os Doutores da Lei 17
FESTA DE MARIA, MÃE DE DEUS
Dia da Paz 19
EPIFANIA DO SENHOR
União em torno de Jesus 22
BATISMO DO SENHOR
O novo caminho 24
Tempo da Quaresma
1º DOMINGO DA QUARESMA
O menino de rua 26
2º DOMINGO DA QUARESMA
Mudança total de vida 28
3º DOMINGO DA QUARESMA
Um bom exemplo 31
4º DOMINGO DA QUARESMA
Aluno pródigo 33
5º DOMINGO DA QUARESMA
A esposa joão-de-barro que não foi fiel... 35
DOMINGO DE RAMOS
Evangelho dramatizado 37

Tempo da Páscoa
DOMINGO DA RESSURREIÇÃO
A sementinha morreu? 39
2º DOMINGO DA PÁSCOA
Tomé não acreditou 41
3º DOMINGO DA PÁSCOA
A terceira aparição de Jesus depois de ressuscitado 44
4º DOMINGO DA PÁSCOA
A missão do Castor leal 47
5º DOMINGO DA PÁSCOA
Onde existe o amor 49
6º DOMINGO DA PÁSCOA
Uma aventura do pinguinho de luz 51
ASCENSÃO DO SENHOR
A pombinha do Senhor 53
DOMINGO DE PENTECOSTES
Pentecostes.. 55
DOMINGO DA SANTÍSSIMA TRINDADE
Quem é você? 57
CORPO E SANGUE DE CRISTO
De pai para filho 59
Tempo Comum
2º DOMINGO DO TEMPO COMUM
Onde Jesus mora?.. 61
3º DOMINGO DO TEMPO COMUM
A Boa Notícia 63
4º DOMINGO DO TEMPO COMUM
Astréia... 66
5º DOMINGO DO TEMPO COMUM
Mestre Coruja 68
6º DOMINGO DO TEMPO COMUM
Eneida, a bem-aventurada 70
7º DOMINGO DO TEMPO COMUM
Só quem ama perdoa.. 72
8º DOMINGO DO TEMPO COMUM
Ninguém dá o que não tem 74
9º DOMINGO DO TEMPO COMUM
Quem tem fé pode confiar 77

10º DOMINGO DO TEMPO COMUM
Jesus vem em nosso socorro e nos dá vida nova 80
11º DOMINGO DO TEMPO COMUM
Oração 82
12º DOMINGO DO TEMPO COMUM
Quem é você? 84
13º DOMINGO DO TEMPO COMUM
O caminho de Jesus é o caminho do discípulo 86
14º DOMINGO DO TEMPO COMUM
Os mensageiros do amor 88
15º DOMINGO DO TEMPO COMUM
Aconteceu no aniversário de Alexandre 90
16º DOMINGO DO TEMPO COMUM
Programas de Domingo 93
17º DOMINGO DO TEMPO COMUM
A oração do cristão 95
18º DOMINGO DO TEMPO COMUM
O avarento 97
19º DOMINGO DO TEMPO COMUM
Dona Lesma atrasada 99
20º DOMINGO DO TEMPO COMUM
Jesus veio trazer fogo à terra 101
21º DOMINGO DO TEMPO COMUM
A porta mágica 104
22º DOMINGO DO TEMPO COMUM
A árvore sem nome 106
23º DOMINGO DO TEMPO COMUM
Raio de luz 108
24º DOMINGO DO TEMPO COMUM
O macaquinho fujão 110
25º DOMINGO DO TEMPO COMUM
Fiéis nas pequenas coisas 112
26º DOMINGO DO TEMPO COMUM
Cuidado com o que faz 114
27º DOMINGO DO TEMPO COMUM
A fé faz maravilhas 116
28º DOMINGO DO TEMPO COMUM
Só um agradeceu 118

29º DOMINGO DO TEMPO COMUM
O negócio é rezar 120
30º DOMINGO DO TEMPO COMUM
Qual dos dois? 122
31º DOMINGO DO TEMPO COMUM
Uma pequena santa 124
32º DOMINGO DO TEMPO COMUM
O Deus dos vivos 126
33º DOMINGO DO TEMPO COMUM
A ira dos céus 128
NOSSO SENHOR JESUS CRISTO, REI DO UNIVERSO
Cristo Rei 131
Outras Solenidades e Festas
IMACULADA CONCEIÇÃO DE NOSSA SENHORA – 8.XII
Imaculada Conceição 133
FESTA DA APRESENTAÇÃO DO SENHOR – 2.II
Meus olhos viram a tua salvação 135
NATIVIDADE DE SÃO JOÃO BATISTA – 24.VI
João é o seu nome 138
FESTA DE SÃO PEDRO E SÃO PAULO – 29.VI
São Pedro e São Paulo 140
TRANSFIGURAÇÃO DO SENHOR – 6.VIII
Este é meu filho amado 142
ASSUNÇÃO DE NOSSA SENHORA – 15.VIII
Assunção de Maria 144
EXALTAÇÃO DA SANTA CRUZ – 14.IX
Deus enviou seu Filho 146
NOSSA SENHORA DA CONCEIÇÃO APARECIDA – 12.X
Doze de outubro 148
FESTA DE TODOS OS SANTOS – 1º.XI
Será grande vossa recompensa nos céus 150
DEDICAÇÃO DA BASÍLICA DE SÃO JOÃO DE LATRÃO – 9.XI
Jesus estava falando do templo de seu corpo 152
Documentos para consultas e orientações 154